A UN GENTILHOMME RUSSE

SUR

L'INQUISITION ESPAGNOLE.

IMP. DE PÉLAGAUD, LESNE ET CROZET.

LETTRES

A un Gentilhomme Russe,

SUR

L'INQUISITION ESPAGNOLE,

Par M. le comte J. de Maistre.

LYON,
PÉLAGAUD, LESNE ET CROZET, IMP.-LIBRAIRES,
Successeurs de RUSAND,
Grande rue Mercière, n° 26.
1837.

PRÉFACE,

ÉCRITE LONGTEMPS AVANT L'OUVRAGE, PAR UN HOMME QUI N'ÉTAIT PAS PRÊTRE.

« Tous les grands hommes ont été intolé-
« rants, *et il faut l'être.* Si l'on rencontre sur
« son chemin un prince débonnaire, il faut lui
« prêcher la tolérance, *afin qu'il donne dans*
« *le piége*, et que le parti écrasé ait le temps
« de se relever par la tolérance qu'on lui ac-
« corde, *et d'écraser son adversaire à son tour.*

« Ainsi le sermon de Voltaire, qui rabâche sur
« la tolérance, est un sermon fait aux *sots* ou
« aux *gens dupes*, ou à des gens qui n'ont aucun
« intérêt à la chose. »

Correspondance de Grimm, 1er *juin* 1772, 1re *partie*, *tome II*, *page* 242 *et* 243.

A UN GENTILHOMME RUSSE

SUR

L'INQUISITION ESPAGNOLE.

LETTRE PREMIÈRE.

Monsieur le Comte,

J'ai eu le plaisir de vous intéresser, et même de vous étonner, en vous parlant de l'Inquisition. Cette fameuse institution ayant été entre vous et moi le sujet de plusieurs conversations, vous avez désiré que l'écriture fixât pour votre usage, et mît dans l'ordre convenable, les différentes réflexions que je vous ai présentées sur ce sujet. Je m'empresse de satisfaire votre désir, et je saisirai cette occasion pour recueillir et mettre sous vos yeux un certain nombre d'autorités qui ne pouvaient vous être citées dans une simple conversation. Je commence, sans autre préface, par l'histoire du tribunal.

Il me souvient de vous avoir dit en général que le monument le plus honorable pour l'Inquisition était précisément le rapport officiel en vertu duquel ce tribunal fut supprimé, en l'année 1812, par ces Cortès, de philosophique mémoire, qui, dans l'exercice passager de leur puissance absolue, n'ont su contenter qu'eux-mêmes (1).

Si vous considérez l'esprit de cette assem-

---

(1) *Informe sobre el Tribunal de la Inquisicion con el projecto de decreto acerca de los tribunales protectores de la religion, presentado a las Cortes generales y extraordinarias por la comision de constitucion : mandado imprimir de orden de S. M.* (Ceci n'est pas clair.) Cadix, 1812.

blée, et en particulier celui du comité qui porta la parole, vous conviendrez que tout aveu favorable à l'Inquisition, et parti de cette autorité, ne souffre pas de [illegible] raisonnable.

Quelques incrédules modernes, échos des Protestants, veulent que saint Dominique ait été l'auteur de l'Inquisition, et ils n'ont pas manqué de déclamer contre lui d'une manière furieuse. Le fait est cependant que saint Dominique n'a jamais exercé aucun acte d'inquisiteur, et que l'Inquisition, dont l'origine remonte au concile de Vérone, tenu en 1184 (1), ne fut confiée aux Dominicains qu'en 1233, c'est-à-dire douze ans après la mort de saint Dominique.

L'hérésie des Manichéens, plus connus dans nos temps modernes sous le nom d'*Al-*

---

(1) Fleury, Histoire ecclésiastique, Livre LXXIII, n° LIV.

bigeois, menaçant également dans le douzième siècle l'Eglise et l'état, on envoya des commissaires ecclésiastiques pour *rechercher* les coupables : ils s'appelèrent de là *inquisiteurs*. Innocent III approuva l'institution en 1204. Les Dominicains agissaient d'abord comme délégués du pape et de ses légats. L'*Inquisition* n'étant pour eux qu'une appendice de la *prédication*, ils tirèrent de leur fonction principale le nom de *Frères-Prêcheurs*, qui leur est resté. Comme toutes les institutions destinées à produire de grands effets, l'Inquisition ne commença point par être ce qu'elle devint. Toutes ces sortes d'institutions s'établissent on ne sait comment. Appelées par les circonstances, l'opinion les approuve d'abord; ensuite l'autorité, qui sent le parti qu'elle en peut tirer, les sanctionne et leur donne une forme (1). C'est ce qui

(1) C'est ainsi, par exemple, que s'établirent les académies des sciences de Paris et de Londres. Celles qui ont commencé par des édits ne sont pas à beaucoup

fait qu'il n'est pas aisé d'assigner l'époque fixe de l'Inquisition, qui eût de faibles commencements, et s'avança ensuite graduellement vers ses justes dimensions, comme tout ce qui doit durer; mais ce qu'on peut affirmer avec une pleine assurance, c'est que l'*Inquisition* proprement dite ne fut établie légalement, avec son caractère et ses attributions, qu'en vertu de la bulle *Ille humani generis*, de Grégoire IX, adressée au provincial de Toulouse, le 24 avril de l'année susdite 1233. Du reste, il est parfaitement prouvé *que les premiers inquisiteurs, et saint Dominique surtout, n'opposèrent jamais à l'hérésie d'autres armes que la prière, la patience et l'instruction* (1).

---

près aussi légitimes, et n'ont jamais présagé les mêmes succès.

(1) *No opuseron* (los inquisitores) *a los hereges ottras armas que la oracion, la paciencia, y la instruction; entro ellos, S. Domingo, come lo asseguran los Bolandos, y los padres Echard et Touron.* (Vie de saint Dominique, pag. 20.) Voyez l'Encyclopédie mé-

Vous voudrez bien, monsieur, observer ici, en passant, qu'il ne faut jamais confondre le caractère, et, s'il est permis de s'exprimer ainsi, le génie primitif d'une institution quelconque, avec les variations que les besoins ou les passions des hommes la forcent à subir dans la suite des temps. L'Inquisition est, de sa nature, bonne, douce et conservatrice : c'est le caractère universel et ineffaçable de toute institution ecclésiastique : vous le voyez à Rome et vous le verrez partout où l'Eglise commandera. Mais si la puissance civile, adoptant cette institution, juge à propos, pour sa propre sûreté, de la rendre plus sévère, l'Eglise n'en répond plus.

Vers la fin du quinzième siècle, le Ju-

---

thodique, article *Dominicains* et article *Inquisiteurs*, traduits ici mot à mot par le rapporteur du comité, et le Dictionnaire historique de Feller, article *saint Dominique, etc., etc.* Il paraît que le rapporteur se trompe ici en plaçant saint Dominique au nombre des inquisiteurs. Mais suivant ses aveux mêmes, peu importe.

daïsme avait jeté de si profondes racines en Espagne, qu'il menaçait de suffoquer entièrement la plante nationale. *Les richesses des judaïsants, leur influence, leurs alliances avec les familles les plus illustres de la monarchie, les rendaient infiniment redoutables : c'était véritablement une nation renfermée dans une autre* (1).

Le Mahométisme augmentait prodigieusement le danger ; l'arbre avait été renversé en Espagne, mais les racines vivaient. Il s'agissait de savoir s'il y aurait encore une nation espagnole ; si le Judaïsme et l'Islamisme se partageraient ces riches provinces ; si la superstition, le despotisme et la barbarie remporteraient encore cette épouvantable victoire sur le genre humain. Les Juifs étaient à peu près maîtres de l'Espagne ; la haine réciproque était portée à l'excès ; les Cortès de-

---

(1) *Por la rigueza e poder, que gozaban, y por sus enlaces con las familias mas ilustres y distin-*

mandèrent contre eux des mesures sévères. En 1391, ils se soulevèrent, et l'on en fit un grand carnage. Le danger croissant tous les jours, Ferdinand-le-Catholique n'imagina, pour sauver l'Espagne, rien de mieux que l'Inquisition. Isabelle y répugna d'abord, mais enfin son époux l'emporta, et Sixte IV expédia les bulles d'institution, en l'année 1478. (*Ibid.* pag. 27.)

. . . .

Permettez, monsieur, qu'avant d'aller plus loin, je présente à vos réflexions une observation importante : *Jamais les grands maux politiques, jamais surtout les attaques violentes portées contre le corps de l'état, ne peuvent être prévenues ou repoussées que par des moyens pareillement violents*. Ceci est au rang des axiomes politiques les plus incontestables. Dans tous les dangers imaginables, tout se réduit à la formule romaine : *Videant consu-*

---

guidas de la monarquia era verdadamente un pueblo incluido in otro pueblo, etc. Ibid. pag. 33.

les, *ne respublica detrimentum capiat* (1). Quant aux moyens, le meilleur (tout crime excepté) est celui qui réussit. Si vous pensez aux sévérités de *Torquemada*, sans songer à tout ce qu'elles prévinrent, vous cessez de raisonner.

Rappelons-nous donc sans cesse cette vérité fondamentale : *Que l'Inquisition fut, dans son principe, une institution demandée et établie par les rois d'Espagne, dans des circonstances difficiles et extraordinaires* (2). Le comité des Cortès l'avoue expressément ; il se borne à dire que *les circonstances ayant changé*, l'Inquisition est devenue inutile (3).

---

(1) C'est-à-dire, *que les consuls veillent à la sûreté de l'état.* Cette formule terrible les investissait sur-le-champ d'un pouvoir sans bornes.

(2) *Hallandose in circumstancias tan difficiles y extraordinarias.* Rapport, pag. 37.

(3) *Mas no existendo estas causas, en los tiempos presentes, etc.* Ibid. Donc ces causes existaient anciennement, et justifièrent l'institution.

On s'étonne de voir les inquisiteurs accabler de questions un accusé, pour savoir s'il y avait dans sa généalogie quelque goutte de sang juif ou mahométan. *Qu'importe?* ne manquera pas de dire la légèreté, *qu'importe de savoir quel était l'aïeul ou le bisaïeul d'un accusé?* — *Il importait* beaucoup alors, parce que ces deux races proscrites, ayant *encore une foule de liaisons* de parenté dans l'état, devaient nécessairement trembler ou faire trembler (1).

Il fallait donc effrayer l'imagination, en montrant sans cesse l'anathème attaché au seul soupçon de Judaïsme et de Mahomé-

---

(1) *Porque sus enlaces con familias judias ó moriscas les hacen suspechosas, habiendo sida instituida principalmente la Inquisicion contra la heregia llamada del Judaïsmo.* Ibid. pag. 67. Il fallait ajouter, d'après le rapport même, *et contre le Mahométisme.* J'observe d'ailleurs, avec la permission du comité, que l'expression, *l'hérésie appellée du Judaïsme,* est fausse jusqu'au ridicule.

tisme. C'est une grande erreur de croire que, pour se défaire d'un ennemi puissant, il suffit de l'arrêter : on n'a rien fait si on ne l'oblige de reculer.

Si l'on excepte un très petit nombre d'hommes instruits, il ne vous arrivera guère de parler de l'Inquisition, sans rencontrer, dans chaque tête, trois erreurs capitales *plantées* et comme *rivées* dans les esprits, au point qu'elles cèdent à peine aux démonstrations les plus évidentes.

On croit que l'Inquisition est un tribunal purement ecclésiastique : cela est faux. On croit que les ecclésiastiques qui siégent dans ce tribunal condamnent certains accusés à la peine de mort : cela est faux. On croit qu'il les condamne pour de simples opinions : cela est faux.

Le tribunal de l'Inquisition est purement royal : c'est le roi qui désigne l'inquisiteur général, et celui-ci nomme à son tour les inquisiteurs particuliers, avec l'agrément du roi. Le réglement constitutif de ce tribunal fut publié, en l'année 1484, par le cardinal Torquemada, *de concert avec le roi* (1).

Les inquisiteurs inférieurs ne pouvaient rien faire sans l'approbation du grand inquisiteur, ni celui-ci sans le concours du conseil suprême. Ce conseil n'est point établi par une bulle du pape, de manière que la charge d'inquisiteur général venant à vaquer, les membres du tribunal procèdent seuls, non comme juges ecclésiastiques, mais comme juges royaux (2).

L'inquisiteur, en vertu des bulles du souverain pontife, et le roi, en vertu de sa prérogative royale, constituent l'autorité qui régle et a constamment réglé les tribunaux de l'In-

(1) *De amerdo con el rey.* Ibid. pag. 32.
(2) Ibid. pag. 34, 35.

quisition ; tribunaux qui sont tout à la fois ecclésiastiques et royaux, en sorte que si l'un ou l'autre des deux pouvoirs venait à se retirer, l'action du tribunal se trouverait nécessairement suspendue (1).

Il plaît au comité de nous présenter ces deux pouvoirs en équilibre dans les tribunaux de l'Inquisition ; mais vous sentez bien, monsieur, que personne ne peut être la dupe de ce prétendu équilibre : l'Inquisition est un instrument purement royal ; il est tout entier dans la main du roi, et jamais il ne peut nuire que par la faute des ministres du prince. Si la procédure n'est pas régulière,

---

(1) *El inquisitor, en virtud de las bulas de S. S., y el rey en razon de las que le competen por el poder real, constituyen la autoridad que arregla y ha arreglado los tribunales de la Inquisicion ; tribunales, que a un mismo tiempo son ecclesiasticos y reales : qualquer poder de los dos que no concurra interrompe necessariamente el curso de su expedicion.* (Ibid pag. 36.)

si les preuves ne sont pas claires, les conseillers du roi, toutes les fois qu'il s'agit de peines capitales, peuvent d'un seul mot anéantir la procédure. La religion et les prêtres cessent d'être pour quelque chose dans cette affaire. Si quelque accusé était malheureusement puni sans être coupable, ce serait la faute du roi d'Espagne, dont les lois auraient ordonné injustement la peine, ou celle de ses grands magistrats, qui l'auraient injustement infligée, comme vous le verrez tout à l'heure.

Observez, monsieur, que, parmi les innombrables déclamations publiées dans le dernier siècle contre l'Inquisition, vous ne trouverez pas un mot sur ce caractère distinctif du tribunal, qui valait bien cependant la peine d'être remarqué. Voltaire nous a peint en cent endroits de ses œuvres :

. . . . *Ce sanglant tribunal,*
Ce monument affreux du pouvoir monacal,

Que l'Espagne a reçu, mais qu'elle-même abhore :
Qui venge les autels, mais qui les déshonore ;
Qui, tout couvert de sang, de flammes entouré,
Egorge les mortels avec un fer sacré (1).

Le tribunal peint sous ces couleurs est cependant un tribunal appartenant à une nation pleine de sagesse et d'élévation ; un tribunal purement royal, composé de ce qu'il y a de plus savant et de plus distingué dans l'ordre du clergé ; jugeant des crimes réels en vertus des lois préexistantes et publiques ; jugeant avec une sagesse peut-être unique, et jamais à mort. Quel nom donner au poëte effronté qui s'est permis de le travestir d'une manière aussi infâme ? Mais l'auteur de *Jeanne d'Arc* avait ses raisons pour détester une autorité qui aurait bien su empêcher ce forcené de corrompre ou de perdre l'Espagne, s'il y était né.

---

(1) *Avec un fer sacré*, appartient à Molière, comme tout le monde sait. (*Tartufe*, acte Ier, scène VI.) Entre comédiens tout est commun.

Ces coupables inepties excitent, chez les sages, *le rire inextinguible* d'Homère, mais la foule s'y laisse prendre, et l'on en vient insensiblement à regarder l'Inquisition comme un club de moines stupides et féroces, qui font rôtir des hommes pour se divertir. L'erreur gagne même des gens sensés, et des ouvrages consacrés en général à la défense des bons principes, au point que, dans le journal de l'empire, nous avons pu lire, il n'y a pas longtemps, cet étrange passage : *Il est vrai, quoi qu'on en ait dit, que les inquisiteurs avaient conservé, jusqu'en 1783, l'habitude un peu sévère, de brûler solennellement les gens qui ne croyaient qu'en Dieu : c'était là leur tic, mais hormis ce point, ils étaient de fort bonne composition* (1).

Certes, l'auteur de cet article a fort peu songé à ce qu'il écrivait. Quel est donc le tribunal de l'univers qui n'ait jamais con-

(1) Journal de l'Empire, 19 avril 1809.

damné à mort? Et quel crime commet le tribunal civil qui envoie à la mort un accusé, en vertu d'une loi de l'état statuant cette peine pour un délit dont cet accusé est convaincu? Et dans quelle loi espagnole a-t-on lu que les déistes seront punis de mort? Il serait difficile d'en imposer davantage à la crédulité d'un lecteur inattentif.

Parmi les innombrables erreurs que le dix-huitième siècle a propagées et enracinées dans les esprits, avec un déplorable succès, aucune, je vous l'avoue, ne m'a jamais surpris autant que celle qui a supposé, soutenu, et fait croire enfin à l'ignorante multitude que des *prêtres* pouvaient condamner un homme à mort. Il est permis d'ignorer la religion de *Fo*, de *Bouddha*, de *Somonocondom* (1); mais quel européen a droit d'ignorer *le Christianisme universel?* Quel œil n'a pas con-

(1) Et même encore celui qui entreprendrait de les diffamer serait-il obligé de les connaître.

templé ce lustre immense, suspendu depuis plus de dix-huit siècles entre le ciel et la terre ? A quelle oreille n'est jamais arrivé l'axiome éternel de cette religion, L'ÉGLISE ABHORRE LE SANG ! Qui ne sait qu'il est défendu au prêtre d'être chirurgien, de peur que sa main consacrée ne verse le sang de l'homme, même pour le guérir ? Qui ne sait que dans les pays d'*obédience*, le prêtre est dispensé de déposer comme témoin dans les procédures de mort et que, dans les pays où l'on a cru devoir lui refuser cette condescendance, on lui donne acte au moins de la protestation qu'il fait, *de ne déposer que pour obéir à justice et de ne demander que miséricorde*. Jamais le *prêtre* n'éleva d'échafaud ; il y monte seulement comme martyr ou consolateur : il ne prêche que miséricorde et clémence ; et, sur tous les points du globe, il n'a versé d'autre sang que le sien.

« L'Eglise, cette chaste épouse du Fils de
« Dieu, qui, à l'imitation de son époux,

« sait bien répandre son sang pour les au-
« tres, mais non pas répandre pour elle celui
« des autres, a pour le meurtre une horreur
« toute particulière et proportionnée aux lu-
« mières particulières que Dieu lui a com-
« muniquées. Elle considère les hommes,
« non-seulement comme hommes, mais
« comme images du Dieu qu'elle adore. Elle
« a pour chacun d'eux un saint respect qui les
« lui rend tous vénérables, comme rachetés
« d'un prix infini, pour être faits les temples
« du Dieu vivant; et ainsi, elle croit que la
« mort d'un homme que l'on tue sans l'ordre
« de son Dieu n'est pas seulement un homi-
« cide, mais un sacrilége, qui la prive d'un de
« ses membres, puisque, soit qu'il soit fidèle,
« soit qu'il ne le soit pas, elle considère tou-
« jours, ou comme étant l'un de ses enfants,
« ou comme étant capable de l'être......

« Tout le monde sait qu'il n'est jamais
« permis aux particuliers de demander la
« mort de personne, de sorte qu'il a fallu

2.

« établir des personnes publiques qui la de-
« mandent de la part du roi, ou plutôt de la
« part de Dieu ; et c'est pourquoi, afin d'y agir
« comme fidèles dispensateurs de cette puis-
« sance divine d'ôter la vie aux hommes, les
« magistrats n'ont la liberté de juger que se-
« lon les dépositions des témoins... ensuite
« desquelles ils ne peuvent en conscience
« prononcer que selon les lois, ni juger di-
« gnes de mort que ceux que les lois y con-
« damnent. Alors, si l'ordre de Dieu les
« oblige d'abandonner au supplice les corps
« de ces misérables, le même ordre de Dieu
« les oblige de prendre soin de leurs âmes
« criminelles...... Tout cela est bien pur et
« bien innocent, et néanmoins l'*Eglise ab-*
« *horre tellement le sang, qu'elle juge en-*
« *core incapables du ministère de ses au-*
« *tels ceux qui auraient assisté à un arrêt*
« *de mort, quoiqu'accompagné de toutes*
« *ces circonstances si religieuses* (1). »

---

(1) Pascal, XIVe Let. prov.—*Erat quod tollere velles.*

Voilà, je crois, monsieur le Comte, une assez belle théorie; mais voulez-vous de plus connaître, par l'expérience, le véritable esprit sacerdotal sur ce point essentiel? Etudiez-le dans les pays où le *prêtre* a tenu le sceptre ou le tient encore. Des circonstances extraordinaires avaient établi en Allemagne une foule de souverainetés ecclésiastiques. Pour les juger sous le rapport de la justice et de la douceur, il suffirait de rappeler le vieux proverbe allemand: *Il est bon de vivre sous la crosse* (1). Les proverbes, qui sont le fruit de l'expérience des peuples, ne trompent jamais. J'en appelle donc à ce témoignage, soutenu d'ailleurs par celui de tous les hommes qui ont un jugement et une mémoire. Jamais, dans ces pacifiques gouvernements, il n'était question de persécutions, ni de jugements capitaux contre les ennemis spirituels de la puissance qui régnait.

---

(1) Unterm Krummstabe ist gut wohnen.

Mais que dirons-nous de Rome, monsieur le Comte? Assurément, c'est dans le gouvernement des pontifes que le véritable esprit du sacerdoce doit se montrer de la manière la moins équivoque. Or, c'est une vérité universellement connue, que jamais on n'a reproché à ce gouvernement que la douceur. Nulle part on ne trouvera un régime plus paternel, une justice plus également distribuée, un système d'impositions à la fois plus humain et plus savant, une tolérance plus parfaite. Rome est peut-être le seul lieu de l'Europe où le Juif ne soit ni maltraité, ni humilié. A coup sûr du moins c'est celui où il est le plus heureux, puisqu'une autre phrase proverbiale appela de tout temps Rome, *le paradis des Juifs*.

Ouvrez l'histoire : quelle souveraineté a moins sévi que celle de Rome moderne contre les délits anti-religieux de toute espèce? Même dans les temps que nous appelons d'*ignorance* et de *fanatisme*, jamais cet esprit n'a varié. Permettez-moi de vous citer seulement Clément IV, *grondant*, au pied de la lettre, le roi de France (qui était cependant saint Louis) sur les lois trop sévères, au jugement du pontife, que ce grand prince avait portées contre les blasphémateurs (1), le priant instamment, dans sa bulle du 12 juillet 1268, de vouloir bien adoucir ces lois; et disant encore au roi de Navarre, dans une bulle du même jour : *Il n'est pas du tout convenable d'imiter notre très cher fils en Jésus-Christ, l'illustre roi des Français, au sujet des lois trop rigoureuses qu'il a publiées contre ces sortes de crimes* (2).

---

(1) Voyez du Cange, dans ses notes sur Joinville. *Collection des Memoires concernant l'Histoire de France*, tome II, pag. 258, note 3e.

— Saint Louis avait ordonné que les blasphémateurs auraient la langue percée, même, si je ne me trompe, avec un fer rouge. Certainement cette peine était terrible. Il est bon d'observer cependant que chez des nations modernes et très sagement gouvernées, le blasphème bien caractérisé est puni de mort.

(2) *Sed fatemur quod in pœnis hujusmodi tam acerbis.... charissimum in Christo filium nostrum regem*

Voltaire, dans ces moments où le sens exquis dont il était doué n'était pas offusqué par la fièvre anti-religieuse, a rendu plus d'un témoignage honorable au gouvernement des pontifes. Je veux vous en citer un très remarquable. Il est tiré du poëme de *la loi naturelle*, où l'on n'irait point le chercher sans être averti.

Marc-Aurèle et Trajan mêlaient au champ de Mars
Le bonnet du pontife au bandeau des Césars.
L'univers reposant sous leur heureux génie,
Des guerres de l'école ignorait la manie;
Ces grands législateurs, d'un saint zèle animés,
Ne combattirent point pour leurs poulets sacrés.
Rome encore aujourd'hui, conservant ces maximes,
Joint le trône à l'autel par des nœuds légitimes.
Ses citoyens en paix, sagement gouvernés,
Ne sont plus conquérants et sont plus fortunés (1).

Francorum illustrem non deceat imitari. (Bulle du même jour. Ibid. pag. 259.)

(1) Voyez le poëme *de la Religion naturelle,* IVe partie. — C'est, au reste, un spectacle assez curieux que celui de Voltaire, si raisonnable et si juste dans tout ce qu'il dit ici sur le gouvernement de Rome moderne,

Or, je vous le demande, monsieur, comment serait-il possible qu'un caractère général d'une telle évidence se démentît sur un seul point du globe ? Doux, tolérant, charitable, consolateur dans tous les pays du monde, par quelle magie sévirait-il en Espagne, au milieu d'une nation éminemment noble et généreuse ? Ceci est de la plus haute importance ; dans l'examen de toutes les questions possibles, il n'y a rien de si essentiel que d'éviter la confusion

---

perdre tout à fait la raison dans les vers qui précèdent. Comment et avec qui les Romains *se seraient-ils battus pour leurs poulets sacrés ?* Quelque nation venait-elle à main armée prendre ou tuer ces *poulets ?* Si quelque Dieu nouveau se présentait à Rome, il entrait, avec la permission du sénat, comme un saint nouvellement canonisé (je demande pardon de la comparaison) entre dans nos églises. Cela ne peut s'appeler *tolérance ;* mais pour peu qu'on se fût avisé de toucher aux bases de la religion nationale, Voltaire avait pu voir dans l'histoire des Bacchanales, si bien racontée dans Tite-Live (XXXIX, 9 seqq.), comment on aurait été traité. Dès que le Christianisme parut, *ces grands législateurs* le persécutèrent avec une férocité inouïe. On a même remarqué fort à propos *que des monstres tels que Tibère,*

des idées. Séparons donc et distinguons bien exactement, lorsque nous raisonnons sur l'Inquisition, la part du gouvernement de celle de l'Eglise. Tout ce que le tribunal montre de sévère et d'effrayant, et la peine de mort surtout, appartient au gouvernement; c'est son affaire, c'est à lui, et c'est à lui seul qu'il faut en demander compte. Toute la clémence, au contraire, qui joue un si grand rôle dans le tribunal de l'Inquisition, est l'action de l'Eglise qui ne se mêle de supplices que pour les

---

Caligula, Commode, etc., laissèrent la nouvelle religion tranquille : tandis que le philosophe Trajan, le philosophe Antonin, le philosophe Marc-Aurèle, le philosophe Julien, furent tous persécuteurs. (Feller, Dictionnaire historique, article *Marc-Aurèle.*) Il est donc très vrai que les souverains pontifes chrétiens ne furent jamais persécuteurs; mais Volaire a grand tort de les comparer aux souverains pontifes païens Marc-Aurèle et Trajan (car ils le furent l'un et l'autre.) Les éternels louangeurs de la tolérance romaine devraient bien se rappeler un seul passage au moins de ce même Tite-Live que je viens de citer. *Les édiles sont chargés de veiller à ce qu'aucun dieu ne soit reçu à Rome, s'il n'est romain* et adoré à la romaine. (IV. 30.)

supprimer ou les adoucir. Ce caractère indélébile n'a jamais varié ; aujourd'hui ce n'est plus une erreur, c'est un crime de soutenir, d'imaginer seulement que des *prêtres* puissent prononcer des jugements de mort.

Il y a dans l'histoire de France un grand fait qui n'est pas assez observé ; c'est celui des Templiers. Ces infortunés, coupables ou non (ce n'est point de quoi il s'agit ici), demandèrent expressément d'être jugés par le tribunal de l'Inquisition ; car *ils savaient bien*, disent les historiens, *que s'ils obtenaient de tels juges, ils ne pouvaient plus être condamnés à mort*.

Mais le roi de France, qui avait pris son parti et qui sentit l'inévitable conséquence de ce recours des Templiers, s'enferma seul avec son conseil d'état, et les condamna brusquement à mort. C'est ce qui n'est pas connu, ce me semble, assez généralement.

Dans le principe même, et lorsqu'on avait besoin de la plus grande sévérité, les Inquisiteurs ne prononçaient pas en Espagne de peine plus sévère que celle de la confiscation des biens, et même elle était remise à tout coupable qui abjurait ses erreurs dans le terme appelé *de grâce*. (Rapport, pag. 33.)

On ne voit pas bien précisément, dans le rapport que je cite, à quelle époque le tribunal de l'Inquisition commença à prononcer la peine de mort; mais peu nous importe : il nous suffit de savoir, ce qui est incontestable, qu'il ne put acquérir ce droit qu'en devenant royal, et que tout jugement de mort demeure par sa nature étranger au sacerdoce.

De nos jours, il ne reste plus d'incertitude sur ce point. On sait que, pour toute sentence importante (1), et même pour la simple prise de corps, rien ne se fait sans l'avis du conseil

(1) *De Entitad*. Ibid. pag. 64.

suprême, ce qui suppose déjà toute la prudence et toute la circonspection imaginables; mais, enfin, si l'accusé est déclaré hérétique, le tribunal, après avoir prononcé la confiscation des biens, le remet, pour la peine légale, au bras séculier, c'est-à-dire, au conseil de Castille, qu'il suffit de nommer, puisqu'il n'y a rien de plus sage, de plus savant, de plus impartial dans l'univers. Que si les preuves ne sont pas évidentes, ou si les coupables ne sont pas obstinés, on les oblige seulement à une abjuration, qui se fait dans l'église avec des cérémonies prescrites. Il en résulte à la vérité un certain déshonneur pour la famille et une incapacité à l'égard des coupables pour l'exercice des emplois (ib. p. 65); mais je suis parfaitement sûr que ces dernières dispositions ne sont qu'un détour dont la clémence se sert pour sauver les plus grands coupables. Certains faits qui sont parvenus à ma connaissance, et surtout le caractère du tribunal, ne me laissent aucun doute à cet égard.

Le tribunal de l'Inquisition est composé d'un chef suprême, nommé *grand inquisiteur*, qui est toujours archevêque ou évêque; de huit conseillers ecclésiastiques, dont six sont toujours séculiers, et de deux réguliers, dont l'un est toujours Dominicain, en vertu d'un privilége accordé par le roi Philippe III. Le second appartient, à tour de rôle, aux autres ordres réguliers, suivant une disposition de Charles III. Le plus jeune des conseillers-clercs remplit les fonctions du fisc, et, dans certains cas, dont je n'ai pas une connaissance exacte, on y appelle deux conseillers de Castille. Je présume cependant qu'ils sont convoqués toutes les fois qu'il s'agit de peines capitales (1). Ce simple exposé fait

---

(1) *La Inquisicion sin mascara, o disertacion en que se prueba hasta la evidencia los vicios de este tribunal, y la necessitad de que se suprima. Por Matanaël Jomtob.* (Anagramme à ce qui paraît.) Cadiz. Niel. 1811. in-8°.

Je ne cite, autant que je le puis, que des ouvrages contraires à l'Inquisition, pour être sûr de ne pas me

disparaître, comme vous voyez, les deux fantômes de Voltaire et de tant d'autres imaginations : le *pouvoir monacal* et le *sanglant tribunal*. Deux religieux sur onze ou treize juges ne signifient rien du tout ; et quant à ces pauvres Dominicains, sur qui nos préjugés versaient tout l'odieux de l'Inquisition, nous voilà encore forcés de leur faire grâce.

Que si l'on considère l'ensemble du tribunal, il serait difficile d'en imaginer un dont la composition se trouvât plus propre à effacer jusqu'au moindre soupçon de cruauté, et même, j'ose le dire, de simple sévérité. Tout homme qui connaît l'esprit du sacerdoce catholique sera convaincu, avant tout examen, que la miséricorde doit nécessairement tenir le sceptre au sein d'un tel tribunal.

Ce que je dois vous faire observer surtout,

---

tromper dans tout ce qui leur échappe de favorable à ce tribunal.

monsieur le Comte, c'est qu'indépendamment des présomptions favorables qui naissent de la composition seule du tribunal, il suppose de plus une infinité de douceurs particulières que la pratique seule fait connaître et qui tournent toutes au profit de l'accusé.

Sans m'appesantir davantage sur ce sujet, je vais mettre sous vos yeux une sentence de l'Inquisition du genre le plus sévère, celle qui, sans *ordonner* (ce qui n'est pas possible), *entraîne* cependant la mort, lorsqu'il s'agit d'un crime que la loi frappe du dernier supplice.

« Nous avons déclaré et déclarons l'ac-
« cusé N. N. convaincu d'être hérétique-
« apostat (1), fauteur et receleur d'héréti-

(1) Il ne s'agit donc point de l'hérétique pur et simple, mais de l'hérétique *apostat*, c'est-à-dire du sujet espagnol convaincu d'avoir apostasié et d'en avoir donné des preuves extérieures, sans lesquelles il n'y aurait pas de procès.

« ques, faux et simulé *confessant* (1), et
» impénitent relaps; par lesquels crimes il a « encouru les peines de l'excommunication « majeure et de la confiscation de tous ses « biens au profit de la chambre royale et du « fisc de sa majesté (2). Déclarons de plus « que l'accusé doit être abandonné, ainsi que « nous l'abandonnons, à la justice et au bras « séculier *que nous prions et chargeons très « affectueusement, de la meilleure et de la « plus forte manière que nous le pouvons, « d'en agir à l'égard du coupable avec bonté « et commisération.* »

---

(1) Ceci est pour le *relaps*, et l'on y voit que le coupable qui confesse son crime, qui dit : *J'ai péché, je m'en repens*, est toujours absous au tribunal de l'Inquisition (ce qui n'a pas d'exemple dans aucun autre tribunal de l'univers). S'il retourne aux mêmes erreurs après le pardon reçu, il est déclaré *faux et simulé confessant et impénitent relaps.*

(2) Ainsi le tribunal est purement royal, malgré la fiction ecclésiastique, et toutes les belles phrases sur l'*avidité sacerdotale* tombent à terre.

L'auteur espagnol *de l'Inquisition dévoilée*, qui me fournit ces détails, prétend à la vérité que cette clause de miséricorde est une pure formalité qui ne produit aucun effet, et il cite Van-Espen, suivant lequel la protestation faite par le tribunal n'est qu'une espèce de formule extérieure, *qui est cependant chère à l'Eglise* (1).

Cette objection n'ébranle point la thèse générale *que l'Inquisition ne condamne jamais à mort, et que jamais le nom d'un prêtre catholique ne se lira au bas d'un jugement capital.*

---

(1) Je crois devoir citer ici l'original de la formule espagnole. *Declaramos al dicho N. N. haber sido : y ser herege apostata, fautor y encubridor de hereges* (Quando es relapso) *ficto y simulado confitente, impenitente relapso, y por ello haber caido y incurrido en sentencia de excommunicacion mayor..... y en confiscacion y perdimiento de todos sus bienes, los quales mandamos applicar y applicamos alla camara y fisco real de S. M..... y que debemos de relaxar y relaxamo la persona del dicho N. N. a la*

La loi espagnole portant la peine de mort contre tel ou tel crime, la justice séculière ne peut s'opposer à la loi; et si l'Inquisition, comme il arrive toujours, ne condamne que sur des preuves évidentes, ses jugements, dans les cas de mort, seront toujours suivis de la mort, mais sans que ce tribunal y entre aucunement, et toujours il demeure vrai *qu'il ne condamne point à mort; que l'autorité séculière est parfaitement la maîtresse d'agir comme elle l'entend, et que si, en vertu de cette clause* chère à l'Eglise, *les juges royaux laissaient marcher un innocent au supplice*, ils seraient les premiers coupables.

Ainsi cette expression tant répétée de *tri-*

---

justicia y brazo secular...... á los quales (les juges séculiers) *rogamos y encargamos muy affectuosamente come de derecho mejor podemos, se hayan benigna y piedosamente con el.* (Ibid. pag. 180, 181.)

Van-Espen, *Jus Ecclesiast. Univ. Part. II., Tit. X. Cap. IV. N°* 22.

bunal de sang n'a pas le sens commun. Il n'y a, il ne peut y avoir de tribunal dans le monde qui ne soit malheureusement dans le cas de condamner à mort; qui ne soit irréprochable à cet égard, dès qu'il exécute la loi sur des preuves certaines, et qui ne fût même coupable, s'il ne l'exécutait pas (1).

Le tribunal de l'Inquisition, d'ailleurs, ne condamne pas même à la peine de mort portée par la loi ; c'est une affaire purement et essentiellement civile, malgré quelques apparences contraires.

Qu'est-ce donc qu'on veut dire ?

Le comité des Cortès se trouve sur ce

---

(1) Il est bon de remarquer une expression favorite de tous les écrivains qui ont parlé contre l'Inquisition, et sur laquelle ils semblent s'être donné le mot. Cette expression consiste à nommer tous les coupables condam-

point parfaitement d'accord avec l'auteur de l'*Inquisition dévoilée*, que je viens de citer.

« Philippe II, dit-il, le plus absurde des « princes, fut le véritable fondateur de l'In-« quisition : ce fut sa politique raffinée qui « la porta à ce point de hauteur où elle était « montée. Toujours les rois ont repoussé « les conseils et les soupçons qui leur ont « été adressés contre ce tribunal, *parce « qu'ils sont dans tous les cas maîtres ab-*

---

nés par ce tribunal, *des victimes de l'Inquisition.* Ils ne sont cependant *victimes* que comme le sont tous les coupables du monde, qui marchent au supplice en vertu d'un jugement légal. Il faut même ajouter que l'Inquisition ne *remet* au bras séculier, pour les jugements capitaux, qu'à la dernière extrémité; car il n'y a rien de si vrai et de si connu de tous ceux qui veulent connaître, que ce qu'a dit un anonyme italien qui écrivait, il y a une vingtaine d'années, sur le même sujet. *Il tribunale del Santo-Officio non abbandona* (expression très juste), *all' ultimo supplicio che gente di perduta coscienza e rei delle più orribili impietà.* (Della Punizion degli eretici, e del tribunale della santa Inquisizione. (Roma, 1795, in-4°, pag. 133.)

« *solus de nommer, de suspendre, ou de* « *renvoyer les inquisiteurs, et qu'ils n'ont* « *d'ailleurs rien à craindre de l'Inquisi-* « *tion, qui n'est terrible que pour leurs* « *sujets* (1).

Je prends acte de cet aveu formel du comité, pour rendre la question absolument étrangère au sacerdoce; et si quelque chose manquait à l'aveu que je viens de rappeler, vous pourriez lire ailleurs, dans le même rapport, un passage remarquable, où le rapporteur du comité observe *qu'on ne trouvera dans aucune bulle des papes que le conseil suprême ait droit d'expédier les affaires en l'absence du grand inquisiteur; ce qu'il fait cependant sans aucune difficulté*, d'où le rapporteur conclut très justement *que les conseillers agissent dans ce cas, non*

(1) *Porque son* (los reys), *en todo caso, los arbitros de suspender, nombrar y revocar a los inquisitores*, etc., pag. 69.

comme juges ecclésiastiques, mais comme juges royaux. (page 35.)

D'ailleurs, qu'importe encore, dès que c'est un point convenu, qu'aujourd'hui, comme *autrefois, aucune ordonnance de l'Inquisition ne saurait être, je ne dis pas* exécutée, *mais seulement* publiée, *sans le consentement préalable du roi* (1).

De là vient que les rois ont tenu, dans tous les temps, très fortement à l'Inquisition, et que Charles-Quint, entre autres, ayant été requis, par les états d'Aragon et de Castille, de rendre les procédures de l'Inquisition un peu moins sévères, ce prince, qui ne savait pas mal régner, répondit en termes ambigus, qui semblaient tout accorder, et dans le fait n'accordaient rien

(1) *Hoy mismos..... los edictos de la Inquisicion no podian publicarse sin haber antes obtenido el consentimiento del rey*, pag. 89.

(Ibid., page 50). Le moins suspect des historiens, dans ces sortes de matières, a donc eu raison d'avouer de bonne grâce, *que l'Inquisition religieuse n'était dans le fond qu'une Inquisition politique* (1).

Il est bien remarquable qu'en l'année 1519 les Aragonais avaient obtenu du pape Léon X tout ce qu'ils désiraient sur ce point ; ce qui fait bien sentir l'esprit général de l'Eglise et le caractère des souverains pontifes ; mais Charles-Quint s'opposa à l'exécution de ces bulles, et le pape, qui ne voulait pas dégoûter le roi, donna celle de 1520, par laquelle il approuvait tout ce que Charles-Quint avait fait. (Ibid., page 52.)

Après cela, permis au rapporteur de nous dire que l'établissement de l'Inquisition en Espagne est nul, par défaut d'approbation

---

(1) Garnier, histoire de Charlemagne, t. II, ch. III, pag. 481.

de la part des Cortès, (ibid., page 52.) et surtout *que ce tribunal est incompatible avec la souveraineté de la nation*. (ibid., page 65.) Je laisse aux bons Espagnols le soin de traiter à loisir la question de la souveraineté du peuple, avec leur roi, *par la grâce de Dieu*, Ferdinand VII; qu'ils ne manquent pas surtout de lui dire avec le rapporteur du comité : *De quelle manière la nation exerce-t-elle sa souveraineté dans les jugements de l'Inquisition? D'aucune absolument* (1). Cette précieuse naïveté ne manquera pas de faire une grande impression sur l'esprit du monarque.

Que dirai-je de ce magnifique morceau, tout à fait digne d'être écrit en vers, où l'éloquent rapporteur nous peint le tribunal

---

(1) *De que mode exerce la nacion la soberania en los juicios de la Inquisicion. — De Ninguno*, pag. 66. — Ici le rapporteur est bien sûr d'avoir raison; il oublie seulement (mais c'est pure distraction) que le reproche s'adresse à tous les tribunaux.

terrible *arrachant au sein des ténèbres l'époux des bras de son épouse*, etc. Personne assurément n'est moins disposé que moi à faire peur aux femmes, la nuit surtout. Cependant j'avoue que, dans les nombreux ouvrages de politique et de jurisprudence que j'ai feuilletés dans ma vie, je ne me souviens pas d'avoir lu qu'un scélérat ne doit être arrêté qu'en plein jour, de peur d'effrayer madame son épouse, et que la justice, avant de le saisir, doit s'informer scrupuleusement s'il est marié ou célibataire, époux distrait ou assidu.

Combien cette rhétorique est misérable devant la réalité des choses ! Après vous avoir fait entendre des imaginations révolutionnaires, permettez que je vous copie une gazette.

« Le 14 avril dernier, il plut au roi,
« notre seigneur (que Dieu conserve), d'ho-
« norer de son auguste présence, vers les 9

« heures du matin, l'hôtel du saint office « de l'Inquisition *de cour* (1). S. M. visita « tous les bureaux et les prisons même, « s'informant de tout dans le plus grand « détail, et daignant rendre la justice la « plus flatteuse au zèle éclairé avec lequel « les ministres de ce tribunal servent LES « DEUX MAJESTÉS (2). Durant cette visite, qui « dura près de trois heures, le roi fut con- « tinuellement accompagné par *son excel-* « *lence*, M. l'inquisiteur général (3), qui était « accouru pour avoir l'honneur de suivre

(1) *El tribunal del santo officio de la Inquisicion de corte.* Gazetta de Madrit, abril 1815. Il ne faut pas laisser passer cette expression ; on voit que tout se rapporte à la puissance royale.

(2) *En obsequio de ambas magestades.* Parfaitement bien dit ! Quelle vérité et quel sens exquis dans cette expression ! Monarchie, unité, indépendance de part et d'autre ; et cependant union parfaite. Bossuet a dit dans le même sens : *Les deux souverainetés.*

(3) Ce titre, et celui qui distingue les trois inquisiteurs nommés d'abord après dans la même feuille, prouve qu'aucun des quatre n'était religieux.

« S. M., et de satisfaire à toutes ses ques-
« tions; et lorsqu'elle fut sur le point de se
« retirer, ce magistrat supérieur lui adressa
« le discours suivant : »

« *Sire, Dieu, qui, par ses justes et in-*
« *compréhensibles jugements, a voulu que*
« *le tribunal de la foi bût jusqu'à la lie le*
« *calice de l'amertume, tira V. M. de la*
« *captivité, et la rétablit sur le trône de ses*
« *ancêtres, pour être le restaurateur, le*
« *consolateur et le protecteur de l'Inquisi-*
« *tion. V. M., après avoir visité le conseil*
« *suprême, vient encore d'honorer de sa*
« *présence* le tribunal de cour, *et d'en exa-*
« *miner toutes les dépendances; eh bien!*
« *Sire, V. M. a-t-elle vu* ces prisons sou-
« terraines, ces cachots affreux, ces in-
« struments de supplice, *que les ennemis du*
« *trône et de l'autel ont fait sonner si haut*
« *dans leur délire? a-t-elle vu les ministres*
« *d'un Dieu de paix changés en Nérons et*
« *en Dioclétiens, allumant des bûchers, et*

« *se permettant tout ce que la cruauté et* « *la barbarie peuvent inventer de plus atroce?* « *V. M. a vu que les prisons sont décentes*, « *commodes même, et que les ministres du* « *Saint-Office savent allier à la justice la* « *douceur et la miséricorde*. Plaise à Dieu « que la visite de V. M. serve à détromper « les hommes qui ont abandonné le chemin « de la vérité!.... Le tribunal de cour, pé- « nétré de reconnaissance envers elle, ne « cessera de demander au père des lumières « qu'il daigne lui accorder le discernement « heureux de toutes les mesures convenables « en des temps si difficiles, et la consola- « tion de RÉGNER SEUL (1) sur des sujets ca- « tholiques et dignes du nom espagnol. »

Je doute qu'un président *de la chambre étoilée* ait jamais tenu à son auguste maître un discours de cette couleur; mais ce dis-

(1) *Reynar solo*. Ce mot ne sera pas trouvé extrêmement sot.

cours même et toutes les autres preuves ne sont nécessaires qu'à ceux qui n'ont pas assez réfléchi sur la nature même des choses qui se passe de preuves et les prévient toutes.

On ne saurait trop insister sur ces caractères de l'Inquisition, à raison des innombrables calomnies accumulées contre elle, sans aucune connaissance de cause; et si vous voulez savoir, monsieur, tout ce que peuvent le préjugé et l'esprit de parti sur les hommes, d'ailleurs les plus sages et les plus éclairés (car je ne prétends désobliger personne), écoutez, je vous en prie, cette nouvelle charge du comité.

« Philippe II, dit-il, défendit l'appel
« comme d'abus des sentences de ce tribu-
« nal, de manière qu'il est indépendant de
« toute autorité civile, (page 61.) et que le
« grand inquisiteur est un souverain au mi-
« lieu d'une nation souveraine ou à côté
« d'un souverain. Il condamne les Espagnols

« civilement, sans que la puissance sécu-
« lière y entre aucunement. (page 66.) »

Et tout à l'heure on vient de nous dire : « Que l'Inquisition est une autorité royale ; « que l'inquisiteur est un instrument royal ; « que toutes ses ordonnances sont nulles, « si le consentement royal ne les fait va- « loir ; que le pouvoir royal nomme, sus- « pend, révoque à son gré tous les mem- « bres de ce même tribunal, et qu'au mo- « ment où l'autorité royale se retirerait, le « tribunal disparaîtrait avec elle. »

Et que dirons-nous encore, monsieur, de ce Philippe II, bon homme, comme tout le monde sait, et sachant si peu commander, qui place à la décharge de sa conscience, *un second souverain* à côté de lui ?

Vous serez peut-être tenté de dire qu'il faut être absolument brouillé avec la raison pour écrire ces belles choses ; hélas ! non, monsieur, il ne faut, même avec beaucoup d'esprit et de sens, que siéger au milieu d'une assemblée délibérante et dans un moment d'effervescence.

Soyons donc toujours disposés à pardonner ces sortes d'aberrations ; mais ne nous laissons pas séduire. L'indulgence n'est permise que jusqu'au moment où elle devient complicité.

J'ai l'honneur d'être.

Moscou, 1/13 *juin* 1815.

LETTRE II.

Monsieur le Comte,

Après avoir supposé que l'Inquisition est un tribunal purement ecclésiastique, et que des *prêtres* peuvent condamner un homme à mort, il ne manquait plus que de supposer encore, pour compléter ce fantôme absurde d'une malveillante ignorance, que l'Inquisition condamnait à mort pour de simples opinions, et qu'un Juif, par exemple, était brûlé purement et simplement, sans autre délit que celui d'être Juif; et c'est ce qu'on n'a pas manqué de dire jusqu'à ce qu'enfin on l'ait fait croire.

Je suis fâché de surprendre dans les rangs des moins excusables calomniateurs Montesquieu lui-même, que nous voyons malheureusement affronter la plus dure épithète avec une rare intrépidité, dans la prétendue remontrance d'une prétendue Juive, dont il a fait un chapitre de son Esprit des Lois (1).

Une jeune fille innocente, brûlée dans une grande capitale de l'Europe, sans autre crime que celui de croire à sa religion, serait un forfait national si horrible, qu'il suffirait pour flétrir un peuple et peut-être un siècle entier. Heureusement cette supposition est une calomnie absurde, déshonorante seulement pour celui qui se l'est permise.

Depuis quand est-il donc permis de calomnier les nations ? depuis quand est-il permis d'insulter les autorités qu'elles ont établies chez elles ? de prêter à ces autorités des ac-

(1) Livre XXV, chap. XIII.

tes de la plus atroce tyrannie, et non-seulement sans être en état de les appuyer sur aucun témoignage, mais encore contre la plus évidente notoriété (1)? En Espagne et en Portugal, comme ailleurs, on laisse tranquille tout homme qui se tient tranquille; quant à l'imprudent qui dogmatise, ou qui trouble l'ordre public, il ne peut se plaindre que de lui-même; vous ne trouverez pas une seule nation, je ne dis pas *chrétienne*, je ne dis pas *catholique*, mais seulement *policée*, qui n'ait prononcé des peines capitales contre les atteintes graves portées à sa religion. Qu'importe le nom du tribunal qui doit punir les coupables! partout ils sont

(2) Ce qu'il y a de bien remarquable dans cette pièce si répréhensible, c'est l'aveu que la force de la vérité arrache à Montesquieu, et sans qu'il s'en aperçoive le moins du monde; il fait dire à sa petite juive : *Voulez-vous que nous vous disions naïvement notre pensée? Vous nous regardez plutôt comme vos ennemis que comme les ennemis de votre religion.* (Ibid. Liv. XXV, chap. XIII.) Voilà le mot : ne parlez donc plus de religion, et prenez-vous-en à l'autorité civile.

punis, et partout ils doivent l'être (1). Personne n'a droit de demander aux rois d'Espagne pourquoi il leur a plu d'ordonner telle peine; pour tel crime ils savent ce qu'ils ont à faire chez eux; ils connaissent leurs ennemis et les repoussent comme ils l'entendent; le grand point, le point unique et incontestable, c'est que, pour les crimes dont je parle, personne n'est puni qu'en vertu d'une loi universelle et connue, suivant des formes invariables, et par des juges légitimes qui n'ont de force que par le roi, et ne peuvent rien contre le roi : cela posé, toutes les déclamations tombent, et personne n'a droit

(1) *On n'a jamais soupçonné en Europe que la Chine eût un tribunal d'Inquisition pour maintenir la pureté de la doctrine, de la croyance et de la morale de l'empire. Il est cependant très ancien, très rigoureux, et a fait couler plus de sang que tous ceux de l'Europe réunis. Bien des gens, qui citent notre Chine pour le tolérantisme, n'y auraient pas vécu longtemps, ou se seraient tus.* (Mémoire sur les Chinois, in-4°, tome 1, pag. 476, note XXVIIe.) Toutes les nations sont d'accord sur ce point.

de se plaindre. L'homme a justement horreur d'être jugé par l'homme, car il se connaît, et il sait de quoi il est capable lorsque la passion l'aveugle ou l'entraîne; mais, devant la loi, chacun doit être soumis et tranquille, car la nature humaine ne comporte rien de mieux que la volonté générale, éclairée et désintéressée du *législateur*, substituée partout à la volonté particulière, ignorante et passionnée de *l'homme*.

Si donc la loi espagnole, écrite pour tout le monde, porte la peine de l'exil, de la prison, de la mort même contre l'ennemi déclaré et public d'un dogme espagnol, personne ne doit plaindre le coupable qui aura mérité ces peines, et lui-même n'a pas droit de se plaindre; car il y avait pour lui un moyen bien simple de les éviter : celui de se taire.

A l'égard des Juifs en particulier, personne ne l'ignore ou ne doit l'ignorer, l'Inquisition ne poursuivait réellement que le Chrétien judaïsant, le Juif *relaps*, c'est-à-dire le Juif qui retournait au Judaïsme après avoir solennellement adopté la religion chrétienne, et le prédicateur du Judaïsme. Le Chrétien ou le Juif converti qui voulaient judaïser étaient bien les maîtres de sortir d'Espagne, et, en y demeurant, il savaient à quoi ils s'exposaient, ainsi que le Juif qui osait entreprendre de séduire un Chrétien. Nul n'a droit de se plaindre de la loi qui est faite pour tous.

On a fait grand bruit en Europe de la torture employée dans les tribunaux de l'Inquisition, et de la peine du feu infligée pour les crimes contre la religion; la voix sonore des écrivains français s'est exercée sans fin sur un sujet qui prête si fort au pathos philosophique; mais toutes ces déclamations disparaissent en un clin d'œil devant la froide logique. Les inquisiteurs ordonnaient la torture en vertu des lois espagnoles, et parce qu'elle était ordonnée par tous les tribunaux espagnols. Les lois grecques et romaines l'avaient adoptée ; Athènes, qui s'entendait un peu en liberté, y soumettait même l'homme libre. Toutes les nations modernes avaient employé ce moyen terrible de découvrir la vérité ; et ce n'est point ici le lieu d'examiner si tous ceux qui en parlent savent bien précisément de quoi il s'agit, et s'il n'y avait pas, dans les temps anciens, d'aussi bonnes raisons de l'employer, qu'il peut y en avoir pour la supprimer de nos jours. Quoiqu'il en soit, dès que la torture n'appartient pas plus au tribunal de l'Inquisition qu'à tous les autres, personne n'a le droit de la lui reprocher. Que le burin protestant de *Bernard Picart* se fatigue tant qu'il voudra à nous tracer des tableaux hideux de tortures réelles ou imaginaires, infligées par les juges de l'Inquisition, tout cela ne signifie rien, ou ne s'adresse qu'au roi d'Espagne.

Observez ici en passant, monsieur, que

d'après le rapport du comité des Cortès, non-seulement les inquisiteurs devaient assister à la torture, mais que l'évêque même y était appelé, quoiqu'il s'y fît suppléer par un délégué (ibid. p. 63); ce qui suppose d'abord, dans cet acte rigoureux, beaucoup d'attention et toute la charité permise à des juges.

Et comme tout décret de quelque importance, et celui même de simple prise de corps, ne peut être exécuté sans l'aveu du conseil suprême (ibid. p. 64), il est bien certain que la sentence préliminaire qui ordonne la torture était soumise à la même formalité. Ainsi il faut convenir que la torture était environnée, dans les tribunaux de l'Inquisition, de toutes les précautions admises par la nature des choses.

Que si le roi d'Espagne juge à propos d'abolir la question dans ses états, comme elle a été abolie en Angleterre, en France, en Piémont, etc., il fera aussi-bien que toutes ces puissances, et sûrement les inquisiteurs seront les premiers à lui applaudir; mais c'est le comble de l'injustice et de la déraison de leur reprocher une pratique admise jusqu'à nos jours, dans tous les temps et dans tous les lieux (1).

Quant à la peine du feu, c'est encore, ou c'était un usage universel. Sans remonter aux lois romaines qui sanctionnèrent cette peine, toutes les nations l'ont prononcée contre ces grands crimes qui violent les lois

---

(1) Je dois ajouter qu'ayant eu occasion, au mois de janvier 1808, d'entretenir, sur le sujet de l'Inquisition, deux espagnols d'un rang distingué, et placés tout exprès pour être parfaitement instruits; lorsque je vins à parler de la torture, ils se regardèrent l'un et l'autre avec l'air de la surprise, et s'accordèrent pour m'assurer expressément *que jamais ils n'avaient entendu parler de torture dans les procédures faites par l'Inquisition.* Ce qui suppose, sans le moindre doute, ou que réellement il n'était plus question de torture dans ce tribunal, ou qu'elle y était devenue infiniment rare.

les plus sacrées. Dans toute l'Europe, on a brûlé le sacrilége, le parricide, surtout le criminel de lèse-majesté ; et comme ce dernier crime se divisait, dans les principes de jurisprudence criminelle, en lèse-majesté *divine* et *humaine*, on regardait tout crime, du moins tout crime énorme, commis contre la religion, comme un délit de lèse-majesté divine, qui ne pouvait conséquemment être puni moins sévèrement que l'autre. De là l'usage universel de brûler les hérésiarques et les hérétiques obstinés. Il y a dans tous les siècles certaines idées générales qui entraînent les hommes et qui ne sont jamais mises en question. Il faut les reprocher au genre humain ou ne les reprocher à personne.

Je ne me jetterai point, de peur de sortir de mon sujet, dans la grande question des délits et des peines : je n'examinerai point si la peine de mort est utile et juste ; s'il convient d'exaspérer les supplices suivant l'atrocité des crimes, et quelles sont les bornes de ce droit terrible : toutes ces questions sont étrangères à celle que j'examine. Pour que l'Inquisition soit irréprochable, il suffit qu'elle juge comme les autres tribunaux, qu'elle n'envoie à la mort que les grands coupables, et ne soit jamais que l'instrument de la volonté législatrice et écrite du souverain.

Je crois cependant devoir ajouter que l'hérésiarque, l'hérétique obstiné et le propagateur de l'hérésie, doivent être rangés incontestablement au rang des plus grands criminels. Ce qui nous trompe sur ce point, c'est que nous ne pouvons nous empêcher de juger d'après l'indifférence de notre siècle en matière de religion, tandis que nous devrions prendre pour mesure le zèle antique, qu'on est bien le maître d'appeler *fanatisme*, le mot ne faisant rien du tout à la chose. Le sophiste moderne, qui disserte à l'aise dans son cabinet, ne s'embarrasse guère que les arguments de Luther aient produit la guerre de trente ans ; mais les anciens législateurs, sachant tout ce que ces funestes doctrines pouvaient coûter aux hommes, punissaient très justement du dernier supplice un crime capable d'ébranler la société jusque dans ses bases, et de la baigner dans le sang.

Le moment est venu sans doute où ils peuvent être moins alarmés; cependant, lorsqu'on songe que le tribunal de l'Inquisition aurait très certainement prévenu la révolution française, on ne sait pas trop si le souverain qui se priverait, sans restriction, de cet instrument, ne porterait pas un coup fatal à l'humanité.

L'abbé de Vayrac est, je crois, le premier Français qui ait parlé raison sur l'Inquisition, dans son voyage d'Espagne et d'Italie (1); mais déjà, en 1731, il désespérait

---

(1) Amsterdam, 1731, tom. I, pag. 9; tom. VI, pag. 50; tom. VII, pag. 151, cité dans le *Journal historique et littéraire*, 1er février 1777, pag. 197.

de pouvoir se faire entendre au milieu des clameurs du préjugé : « J'avoue, dit-il, que « si ceux qui se déchaînent contre le tribunal « de l'Inquisition avaient égard à ceux qui « le composent, ils en parleraient tout au- « trement..... Mais ce qu'il y a de plus dé- « plorable, c'est que la prévention a telle- « ment prévalu que je désespère, en quelque « manière, de pouvoir faire convenir mes « compatriotes que la circonspection, la sa- « gesse, la justice, l'intégrité, sont les « vertus qui caractérisent les inquisiteurs.... « Il faut être bien méchant, ou une bien « mauvaise tête pour être repris par ce tri- « bunal. »

Tout homme sage pourrait deviner de lui-même ce qu'on vient de lire, s'il veut réfléchir un instant sur la qualité des juges. En premier lieu, il n'y a rien de si juste, de si docte, de si incorruptible que les grands tribunaux espagnols, et si, à ce caractère général, on ajoute encore celui du sacerdoce catholique, on se convaincra, avant toute expérience, qu'il ne peut y avoir dans l'univers rien de plus calme, de plus circonspect, de plus humain par nature que le tribunal de l'Inquisition.

Dans ce tribunal établi pour effrayer l'imagination, et qui devait être nécessairement environné de formes mystérieuses et sévères pour produire l'effet qu'en attendait le législateur, le principe religieux conserve néanmoins toujours son caractère ineffaçable. Au milieu même de l'appareil des supplices, il est doux et miséricordieux, et parce que le sacerdoce entre dans ce tribunal, ce tribunal ne doit ressembler à aucun autre. En effet, il porte dans ses bannières la devise nécessairement inconnue à tous les tribunaux du monde, MISERICORDIA ET JUSTITIA. Partout ailleurs la *justice* seule appartient aux tribunaux, et la miséricorde n'appartient qu'aux souverains. Des juges seraient rebelles, s'ils se mêlaient de faire grâce ; ils s'attribueraient les droits de la souveraineté; mais dès que le sacerdoce est appelé à siéger parmi les juges, il refusera d'y prendre place à moins que la souveraineté ne lui prête sa grande prérogative. La *miséricorde* siége donc avec la *justice* et la précède même : l'accusé traduit devant ce tribunal est libre de confesser sa faute, d'en demander pardon, et de se soumettre à des expiations religieuses. Dès ce moment le *délit* se change en *péché*; et le *supplice* en *pénitence*. Le coupable jeûne, prie, se mortifie. Au lieu de marcher au supplice, il récite des psaumes, il confesse ses péchés, il entend la messe, on l'exerce, on l'absout, on le rend à sa famille et à la société. Si le crime est énorme, si le coupable s'obstine, s'il faut verser du sang, le *prêtre* se retire, et ne reparaît que pour consoler la victime sur l'échafaud.

Il est singulier que ce caractère distinctif de l'Inquisition ait été reconnu de la manière la plus solennelle par un ministre de la république française (1), et il est curieux de voir de quelle manière on a rendu compte de cet ouvrage dans ce même journal, d'où j'ai tiré le singulier morceau cité à la pag. 15. Ici, comme vous allez voir, c'est un homme plus réfléchi qui tient la plume.

« Quel est cependant, s'écrie l'estimable « journaliste, quel est le tribunal en Europe, « autre que celui de l'Inquisition, qui ab- « sout le coupable lorsqu'il se repent et con- « fesse le repentir? Quel est l'individu te- « nant des propos, affectant une conduite « irréligieuse, et professant des principes « contraires à ceux que les lois ont établis « pour le maintien de l'ordre social, quel « est cet individu qui n'ait pas été averti « deux fois par les membres de ce tribunal? « S'il récidive, si, malgré les avis qu'on « lui donne, il persiste dans sa conduite,

(1) Nouveau voyage en Espagne, par M. Bourgoing. (Journal de l'Empire, 17 septembre 1805.)

« on l'arrête, et s'il se repent on le met en « liberté. M. Bourgoing, dont les opinions « religieuses ne pouvaient être suspectées « lorsqu'il écrivait son Tableau de l'Espagne « moderne, en parlant du Saint-Office, dit : « *J'avouerai, pour rendre hommage à la « vérité, que l'Inquisition pourrait être citée « de nos jours comme un modèle d'équité.* « Quel aveu! et comment serait-il reçu si « c'était nous qui le faisions? Mais M. Bour- « going n'a vu dans le tribunal de l'Inqui- « sition que ce qu'il est réellement, un moyen « de haute police. »

A l'égard des formes, ou dures ou effrayantes, tant reprochées au tribunal de l'Inquisition, j'ai le malheur de n'y pas trop croire, et tout au moins je voudrais être sur les lieux pour en juger sainement. Quoi qu'il en soit, si le changement qui s'est opéré dans les mœurs et dans les opinions permet quelques adoucissements sur ce point, le roi est le maître de les ordonner, et les inquisiteurs s'y prêteront avec plaisir. Rien d'humain ne saurait être parfait, et il n'y a pas d'institution qui n'entraîne quelques abus. Vous me rendrez la justice de croire qu'il n'est pas d'homme plus éloigné que moi de justifier des sévérités inutiles; je vous ferai seulement observer que l'Inquisition religieuse d'Espagne pourrait fort bien ressembler à l'Inquisition publique de Venise, qui régnait sur les imaginations par je ne sais quelle terreur adoucie, toute composée de souvenirs fantastiques qui n'avaient d'autre effet que de maintenir l'ordre en épargnant le sang.

Il est faux d'ailleurs, même en Portugal, que la moindre dénonciation parût suffisante pour faire emprisonner l'accusé, ni qu'on lui laissât ignorer les chefs d'accusation et les accusateurs, ni qu'on lui refusât des avocats pour défendre sa cause (1), ni que les dé-

(1) Je suis particulièrement instruit, à l'égard de l'Es-

lateurs restassent jamais impunis s'ils l'avaient calomnié. Le tribunal ne prononce jamais sur la peine temporelle : il déclare seulement le coupable atteint et convaincu ; c'est ensuite aux juges séculiers à prononcer sur la peine, précisément comme on l'a vu à l'égard de l'Espagne. Les confiscations ne sont qu'au profit du roi, et les évêques diocésains ont droit de connaître du délit conjointement avec les inquisiteurs (1).

Je dois vous faire observer encore, à l'égard des formes plus ou moins sévères, qu'il n'y a pas de puissance éclairée dans l'univers qui, pour de grands et justes motifs, n'ait établi de temps en temps certains tribunaux

---

pagne (et je ne puis douter qu'il n'en soit de même en Portugal), que les avocats des accusés emprisonnés ont l'accès le plus libre et le plus confidentiel auprès d'eux ; et que les juges même ont grand soin de s'informer si les avocats font leur devoir à cet égard.

(1) Voyez *les Anecdotes du ministère du marquis de Pombal*. Varsov., 1784, in-8°, Liv. VIII, n° LXXXVII.

extraordinaires presque entièrement affranchis des formes usitées. Je vous citerai sur ce point l'ancienne justice prévôtale des Français. Les rois de France avaient la manie de vouloir que les grandes routes fussent parfaitement sûres chez eux. Tout voyageur était mis sous leur protection spéciale, et le moindre attentat contre sa sûreté était une espèce de crime de lèse-majesté que la loi punissait d'une manière terrible avec la promptitude de la foudre. Le malheureux qui vous avait extorqué un écu sur la grande route était saisi par la maréchaussée, livré au grand prévôt jugeant avec deux assesseurs, et roué vif dans vingt-quatre heures, sous les yeux du parlement qui ne s'en mêlait pas.

Cette jurisprudence n'était pas tendre, sans doute : mais il était notoirement libre à tout Français de ne pas voler sur les grandes routes, et le roi voulait qu'on pût les parcourir en tout sens, et même s'y endormir impunément : chacun a ses idées.

Vous voyez, monsieur le comte, combien d'erreurs les sophistes modernes avaient accumulées sur le compte de l'Inquisition. Ils l'avaient présentée comme un tribunal purement ecclésiastique, et, d'après les autorités les plus incontestables, je vous ai montré ce qu'il en est. Ils nous avaient fait croire que des *prêtres* condamnaient à mort, et pour de simples opinions. Je vous ai montré ce qu'il en est. Ils nous présentaient l'Inquisition comme une invention des papes, et les papes ne l'ont accordée qu'aux instances des souverains, souvent même avec répugnance, du moins quant à certaines attributions qui leur paraissaient trop sévères. Il ne manquait plus que de l'attaquer du côté de la discipline ecclésiastique, en soutenant qu'elle énervait la juridiction des évêques; malheureusement pour les réformateurs modernes, ils avaient contre eux le corps épiscopal d'Espagne, un des plus respectables du monde catholique, qui venait de déclarer expressément qu'il n'avait jamais trouvé dans l'Inquisition qu'une alliée fidèle toujours prête à l'assister dans la conservation de la foi; mais vous savez que l'esprit de parti n'est jamais embarrassé de rien et ne recule jamais. Le comité des Cortès a déterré *je ne sais quelle* anecdote vraie ou fausse de *je ne sais quel* grand inquisiteur, lequel ayant, en l'année 1622, persécuté, *on ne sait* ni comment ni pourquoi, *je ne sais quel* évêque de Carthagène, fut, pour ce grand *méfait*, désapprouvé par *je ne sais quelle* consultation du conseil de Castille, et sur cette autorité si lumineuse, si décisive, et de si fraîche date surtout, le comité s'écrie majestueusement : *Comment, après cela, les révérends évêques osent-ils, contre le témoignage de leurs confrères, et contre l'autorité du premier tribunal de la nation*, représenter à V. M. (c'est-à-dire aux Cortès), qu'ils sont aidés par les inquisiteurs dans les fonctions épiscopales relatives à la conservation de la foi (1)?

---

(1) *Como pueden pues decir los R. R. obispos que*

Un fait unique, un fait plus que douteux et nullement détaillé, un fait de 1622, opposé à la déclaration solennelle du corps épiscopal, offre un de ces prodiges de déraison qui distinguent plus ou moins toutes les assemblées populaires.

C'est avec un bonheur égal que le comité reproche à l'Inquisition sa ténébreuse influence sur l'esprit humain. *Est-il possible*, dit-il, *qu'une nation devienne illustre quand les esprits y sont réduits à un aussi grossier esclavage? Les écrivains disparurent au moment où parut l'Inquisition* (1).

Le comité plaisante, sans doute. Qui ne

---

han representado a V. M. que los ayudan (los inquisitores) *en la conservacion de la fè contra los testimonios de suscohermanos, y autoritad del primer tribunal de la nacion?* Ibid., pag. 56.

(1) *Es possible que se ilustre una nacion en la qual se esclavizan tan groseramente los entendimientos? Ceso de escriberse desde que se establició la Inquisicion.* Ibid., pag. 75.

sait que le beau siècle de la littérature espagnole fut celui de Philippe II, et que tous les écrivains qui ont illustré l'Espagne n'ont fait imprimer leurs livres qu'avec la permission du Saint-Office ? Les mathématiques, l'astronomie, la chimie, toutes les sciences naturelles, la philologie, l'histoire, les antiquités, etc., sont des champs assez vastes que l'esprit humain est bien le maître de parcourir dans tous les sens, sans que le très révérend père inquisiteur s'en mêle le moins du monde. On aura beau répéter qu'on enchaîne le génie, en lui défendant d'attaquer les dogmes nationaux; jamais on n'autorisera une erreur à force de la répéter.

J'ai l'honneur d'être, etc.

Moscou, 20 *juin* (2 *juillet*) 1815.

LETTRE III.

Monsieur le Comte,

Lorsque je vous ai parlé de l'origine de l'Inquisition, lorsque je vous en ai exposé les caractères distinctifs, je me suis appuyé presque exclusivement sur le rapport fait par le comité des Cortès pour la suppression de cette fameuse institution. Je ne pouvais vous donner de preuve plus évidente de ma sévère impartialité. Lorsque, pour défendre un coupable, le défenseur ne tire ses moyens que de l'acte d'accusation, j'espère que l'accusateur n'a point à se plaindre.

Maintenant, monsieur, pour vous faire connaître les procédés de l'Inquisition, je vais vous citer en premier lieu une autorité tout aussi peu suspecte ; c'est celle d'un Protestant, d'un Anglais, d'un membre de l'Eglise anglicane, qui voyageait en Espagne pendant les années 1786 et 1787. On pense bien qu'en parlant de l'Inquisition, il ne lui a pas fait grâce ; il est donc utile de l'entendre et de peser toutes ses paroles (1).

« A peu de distance de Séville est un édi-
« fice dont la forme le frappa. Après plu-
« sieurs questions, un homme de distinc-
« tion, qui l'accompagnait, lui apprit que
« cet édifice, d'une forme si étrange, s'ap-
« pelait *el Quemadero* (2), en le priant de

---

(1) *Voyage en Espagne, pendant les années* 1786 *et* 1787, *par M. Joseph* Townsend, *recteur de Pewsey*. Londres, 1792, 2e édition, 3 vol. in-8°.

(2) Lieu où l'on brûle les criminels condamnés au feu : c'est comme qui dirait *la brûlerie*. Si je ne me trompe,

« vouloir bien ne dire à personne de qui il « tenait cette information. Il se hâta de s'é- « loigner d'un édifice que son imagination « lui représentait comme entouré de flammes « sanglantes. Un homme, revêtu de l'office « de juge, lui apprit le lendemain que cet « édifice servait de bûcher aux hérétiques, et « qu'il n'y avait pas plus de quatre ans qu'une « femme y avait subi ce supplice. C'était « une religieuse coupable de diverses infa- « mies d'actions et de systèmes ».

Que d'absurdités dès le début ! En premier lieu, qu'est-ce qu'*un édifice destiné à brûler des hérétiques ?* Un édifice qui aurait cette destination brûlerait lui-même à la première expérience, et ne servirait qu'une fois. *Un édifice qui sert de bûcher* est quelque chose de si fou qu'on n'imagine rien au delà. Ce qui est encore éminemment plaisant, c'est

---

on donne aussi ce nom en Espagne, par extension, au lieu où se prononcent les condamnations au feu.

cette recommandation de garder le secret faite au voyageur anglais. Le secret à propos d'une place publique destinée aux exécutions à mort *par le moyen du feu !* Mais voilà les sornettes dont se repaissait l'Europe. Au reste, je ne doute pas un moment que la gravité espagnole ne se soit moquée, dans cette occasion, de la crédulité protestante. *Voyez-vous cet édifice*, aura dit quelque bon plaisant de Séville ; *c'est là où l'on brûle les hérétiques en grand secret ; mais, pour l'amour de Dieu, n'en dites rien, vous me perdriez.*

Ce qu'il y a de bon encore, c'est que le voyageur parle du *Quemadero* comme d'un brûloir à café qui est chaque jour en exercice. *Son imagination* (ceci est exact) *lui représente ce lieu comme entouré de flammes sanglantes*. Vous diriez qu'il s'agit d'une boucherie établie au milieu d'un bûcher en permanence. Cependant, il y avait quatre ans que ce lieu n'avait vu d'exécution ; et qu'elle était la victime encore ! *Une reli-*

gieuse coupable de diverses infamies d'actions et de systèmes.

Et quel est donc le pays où la justice ne frappe pas de tels coupables ? Le bon *Clergyman* n'a pas jugé à propos d'entrer dans aucun détail ; mais les expressions dont il se sert laissent une étrange latitude, et il est assez plaisant de l'entendre affirmer d'abord *que ce lieu était destiné à brûler les hérétiques*, et citer immédiatement en preuve l'exécution, non d'un hérétique mais d'un monstre.

Dans certaines contrées d'Europe très sages, très policées, très bien administrées, l'incendiaire d'une maison habitée est lui-même brûlé vif, et chacun dit : « *Il l'a bien* « *mérité.* » Croyez-vous, monsieur, qu'un homme coupable *de plusieurs infamies théoriques et pratiques*, telles que votre imagination peut se les représenter, soit moins coupables qu'un incendiaire ?

Je ne vois pas d'ailleurs pourquoi le nom du dernier supplice donné à une place d'exécution, a quelque chose de plus terrible que le nom ordinaire de cette place, ni pourquoi, par exemple, il eût été déshonorant pour l'ancienne France d'appeler la place de Grève, *la Rouerie*.

Ecoutons maintenant l'histoire *d'un épouvantable auto-da-fé* qui avait précédé de peu le voyage que je cite :

« Un mendiant nommé *Ignazio Rodriguez*
« fut mis en jugement au tribunal de l'In-
« quisition, pour avoir distribué des filtres
« amoureux *dont les ingrédients étaient tels*
« *que l'honnêteté ne permet pas de les dé-*
« *signer*. En administrant ce *ridicule* re-
« mède (1), il prononçait quelques paroles

(1) Ridicule! Il paraît que le prédicateur anglais n'est pas sévère.

« de nécromancie (1) ; il fut bien constaté « que la poudre avait été administrée à des « personnes de tout rang. Rodriguez avait « deux complices également mises en juge- « ment (*Juliana Lopez* et *Angela Barrios*). « L'une d'elles demandant grâce de la vie, « on lui répondit *que le Saint-Office n'était* « *pas dans l'usage de condamner à mort* (2). « *Rodriguez* fut condamné à être conduit « dans les rues de Madrid monté sur un âne, « et à être fouetté. On lui imposa de plus « quelques pratiques de religion, et l'exil « de la capitale pour cinq ans. La lecture « de la sentence fut souvent interrompue

---

(1) On voit ici deux crimes bien distincts et d'une gravité remarquable. La magie en serait un, quoique parfaitement nulle en elle-même. L'autre est un peu plus que *ridicule*, et je doute que, dans aucun autre pays du monde, le *magicien* en eût été quitte à si bon marché.

(2) C'est ce tribunal qui avait l'*habitude un peu sévère* de brûler solennellement les gens qui ne croyaient qu'en Dieu. (Suprà, pag. 16.)

« par de grands éclats de rire auxquels se « joignait le mendiant lui-même.

« Le coupable fut en effet promené dans « les rues, mais non fouetté (1); pendant « la route on lui offrait du vin et des bis- « cuits pour se rafraîchir (2) ».

Je ne crois pas qu'il soit possible d'imaginer rien de plus doux, rien de plus humain. Si l'on pouvait même reprocher quelque chose au tribunal, ce serait un excès d'indulgence; car si l'on pèse bien les paroles du voyageur, on trouvera que les *ingrédients* de *Rodriguez* auraient fort bien pu, dans tout autre pays, le conduire au pilori, aux galères et même au gibet.

---

(1) On voudra bien remarquer cet adoucissement. C'est à peu près *la peine moins la peine*, et tout cela sans que le roi s'en mêle. Aucun autre tribunal dans le monde ne jouit ni ne saurait jouir d'un tel droit.

(2) Quel peuple abominable!

Néanmoins, l'observateur anglais n'est pas content. « Ce délit, dit-il, était fort au-des-« sous de la dignité de ce tribunal. *Il aurait « mieux valu faire punir ce misérable en « secret*, par le dernier des valets chargés « d'exécuter les arrêts de la justice ».

Il peut se faire, sans doute, que M. Townsend *ait été* ou *soit* même encore un homme de beaucoup de sens ; mais contre le préjugé national et religieux surtout, le bon sens est inutile. C'est un étrange spectacle que celui d'un homme qui prend sur lui de censurer aigrement la jurisprudence criminelle d'une illustre nation, et qui conseille lui-même les *punitions secrètes*. Si l'Inquisition avait fait donner un seul coup de fouet en secret, le voyageur n'aurait pas manqué d'écrire une longue diatribe sur cette atrocité, et il aurait enrichi son voyage d'une belle estampe, où l'on aurait vu deux bourreaux robustes déchirer un malheureux à coups de fouet, dans le fond d'un cachot

6

affreux, en présence de quelques religieux Dominicains.

Et comment appartient-il à un voyageur étranger de décider, sans aucune connaissance de cause, sur ce qu'un grand tribunal de l'Espagne doit cacher ou publier, suivant la nature des crimes, et le degré de publicité que la scélératesse humaine leur a donné ? En Espagne, tout comme ailleurs, on sait apparemment ce qu'il faut cacher et ce qu'il faut montrer au public.

Les autres reproches que cet écrivain adresse au tribunal de l'Inquisition ont encore moins de fondement. « Il peut, dit-il, « faire paraître devant lui tous ceux qu'il juge « à propos d'y appeler, les surprendre dans « leur lit au milieu de la nuit, etc. »

Si le voyageur entend parler des témoins, il s'accuse évidemment de n'avoir aucune idée de la justice criminelle ; car si quelque chose peut honorer un gouvernement, en démontrer la force et l'impartialité, c'est l'autorité qu'il donne à ses tribunaux d'amener devant eux toute personne quelconque pour y rendre témoignage. Nous avons vu, il y a peu d'années, le chancelier de l'échiquier, obligé, en Angleterre, de comparaître devant un tribunal criminel pour y donner sa déposition ; nous l'avons vu attaqué de questions, poussé à bout par l'interrogatoire, et passablement embarrassé de sa figure (1). Alors, sans doute, notre critique n'aurait pas manqué de s'écrier : *Ici le tribunal peut à son gré faire comparaître devant lui tous ceux qu'il juge à propos d'y appeler. O merveilleuse Angleterre ! O sainte liberté !*

Mais s'il s'agit de l'Espagne, les principes

---

(1) Il s'agit ici d'une accusation fameuse, dans laquelle le célèbre *Pitt* se vit obligé de venir à la barre dire la vérité aux juges, aussi peu et aussi mal qu'il lui fut possible.

changent ; le juste devient injuste , et ce même homme dira : Le Saint-Office *y peut à son gré faire comparaître devant son tribunal tous ceux qu'il juge à propos d'y appeler. O vile et malheureuse Espagne ! O comble du despotisme et de l'iniquité !*

Que si l'auteur entend parler des accusés, il est encore plus ridicule. Pourquoi donc un accusé, *quel qu'il soit*, ne peut-il être mandé ou arrêté suivant les circonstances ? Ce serait un singulier privilége que celui qui exempterait telle ou telle personne de l'action des tribunaux. Mais ce qui fâche par-dessus tout notre ecclésiastique, *c'est qu'un accusé puisse être saisi la nuit*, *et même dans son lit*. De toutes les atrocités de l'Inquisition, aucune ne l'indigne davantage. Il peut se faire qu'en Angleterre, un débiteur ou un homme coupable de quelque crime léger ne puisse être *arrêté au milieu de la nuit*, *et dans son lit ;* mais qu'il en soit de même d'un homme accusé d'un crime capital , c'est ce que je ne crois pas du tout; en tout cas, il suffirait de répondre : *Tant pis pour l'Angleterre*, et je ne vois pas pourquoi l'Espagne serait tenue de respecter à ce point le sommeil des scélérats.

Nous venons de voir les préparatifs de l'épouvantable *auto-da-fé* du 9 mai 1764, en vertu duquel un criminel infâme fut condamné à manger des biscuits et à boire du vin dans les rues de Madrid. Il est bon maintenant d'entendre une bouche protestante nous raconter dans quels termes le grand inquisiteur prononça à l'accusé l'arrêt que le Saint-Office venait de rendre contre lui.

« Mon fils, lui dit *le bourreau sacré*, vous
« allez entendre le récit de vos crimes, et
« la sentence qui doit les expier. Nous usons
« toujours d'indulgence, et ce Saint-Office
« a bien plus en vue de corriger que de punir.
« Soyez affligé de sentir ce que votre con-
« science vous reproche, bien plus que de

« la peine que vous serez appelé à souf-
« frir (1). »

Le voyageur ajoute « que la première no-
« blesse et toutes les dames de la cour
« avaient été invitées à la cérémonie par la
« marquise de *Cogolludo*, qui donna après
« la séance une fête aux juges et aux offi-
« ciers de l'Inquisition. »

Après ce détail, on serait surpris, s'il était permis d'être surpris de quelque chose dans ce genre, d'entendre le ministre-voyageur du saint Evangile terminer son récit par cette réflexion :

« *Si le roi, voulant détruire ce tribunal,*
« *avait eu dessein de le rendre méprisable*

---

(1) M. Townsend remarque ici *que cette exhortation aurait été faite avec la même douceur, quand même le coupable serait condamné au feu.* (Ibid.) Qu'y a-t-il donc là d'étonnant? La *justice,* même isolée, ne se fâche jamais. Comment ne passerait-elle pas du calme sim-

« *aux yeux de ses sujets, il n'aurait pu*
« *mieux s'y prendre.* »

Ainsi l'alliance admirable de la sévérité légale et de la charité chrétienne, la compassion du peuple répondant à celle des juges, le discours paternel de l'inquisiteur, ce jugement tourné tout entier à l'amendement du coupable, ce supplice qui s'avance, et qui tout à coup se change en une fête de la clémence que la haute noblesse vient célébrer avec les juges; une jurisprudence si douce, si remarquable, si particulière à l'Espagne, rien de tout cela, dis-je, ne saurait intéresser un spectateur dont l'œil est absolument vicié par les préjugés nationaux, et il ne voit plus qu'un objet et un motif de mépris dans ce même spectacle qui aurait excité l'admiration d'un Indou ou d'un Mahométan dès qu'on le leur aurait fait comprendre.

---

ple à la tendresse, lorsqu'il lui est permis de se consulter avec la *miséricorde*?

J'espère, monsieur le comte, qu'en voilà assez pour vous donner une idée juste de l'origine, de la nature, du véritable caractère, et des procédures de l'Inquisition ; mais ce qui mérite encore une grande attention, c'est que ce tribunal tant calomnié était devenu par le fait une véritable *Cour d'équité*, aussi nécessaire pour le moins dans l'ordre criminel que dans l'ordre civil.

Grotius a défini supérieurement l'équité : *C'est le remède inventé pour le cas où la loi est en défaut à cause de son universalité* (1). Un grand homme seul a pu donner cette définition. L'homme ne saurait faire que des lois générales ; et, par là même, elles sont de leur nature injustes en partie, parce qu'elles ne sauraient jamais saisir tous les cas. L'*exception à la régle* est donc précisément aussi juste que la régle même, et

(1) *Correctio ejus in quo lex propter universalitatem deficit.* (Grot., dans le livre *de Jure belli et pacis.*)

partout où il n'y aura point de dispense, d'exception, de mitigation, il y aura nécessairement violation, parce que la conscience universelle laissant d'abord établir l'exception, les passions individuelles se hâtent de la généraliser pour étouffer la loi.

Dans l'ordre criminel, ce pouvoir d'équité est communément réservé au souverain. De là les grâces, les commutations de peines, les lettres de cachet à la place des condamnations légales, les jugements économiques, etc. Mais tous les observateurs savent que l'intervention de la puissance souveraine dans l'administration de la justice est la chose du monde la plus dangereuse. A Dieu ne plaise que je veuille disputer au pouvoir souverain le magnifique droit de faire grâce, mais il doit en user bien sobrement, sous peine d'amener de grands maux; et je crois que toutes les fois qu'il ne s'agira pas de *grâce*, proprement dite, mais d'un certain ménagement qu'il n'est pas trop aisé de définir, et dans les crimes surtout qui violent la religion ou les mœurs publiques, le pouvoir mitigateur sera confié avec beaucoup plus d'avantage au tact éclairé d'un tribunal, à la fois royal par essence, et sacerdotal par la qualité des juges. J'ose croire même qu'il est impossible d'imaginer rien de mieux que d'introduire ainsi l'*huile de la miséricorde* au milieu des ressorts criards et déchirants de la jurisprudence criminelle.

Sous ce point de vue, l'Inquisition peut rendre les plus grands services. Il ne faut pas être bien vieux à Madrid pour se rappeler l'histoire d'une femme abominable qui était parvenue à séduire tout le monde, dans cette capitale, par l'extérieur d'une piété héroïque, cachant l'hypocrisie la plus raffinée. Elle avait pour directeur prétendu et pour complice réel un moine plus scélérat qu'elle. Un évêque même y fut pris, et la criminelle habileté de cette femme alla au point que, feignant une incommodité qui l'empêchait de quitter le lit, elle obtint, par l'entremise du prélat trompé, un bulle du pape qui l'autorisait à conserver le Saint-Sacrement dans sa chambre; et l'on acquit depuis la certitude que cette même chambre était le théâtre du commerce le plus criminel. L'Inquisition ayant été avertie, elle avait ici le sujet d'un bel *auto-da-fé* contre les deux coupables, et surtout contre le religieux sacrilége; cependant la justice ne put, même dans cette occasion, étouffer entièrement la clémence. L'Inquisition fit disparaître la femme sans éclat, châtia son complice sans le faire mourir, et sauva la réputation du prélat si honteusement trompé.

Tout le monde encore a connu en Espagne l'histoire de deux ecclésiastiques (MM. les frères Questas). Pour avoir eu le malheur de déplaire à un favori célèbre, ils furent livrés à l'Inquisition, et chargés d'une accusation soutenue par tout le poids d'une influence qui paraissait invincible. Rien ne fut oublié de tout ce qu'il était possible d'imaginer pour perdre deux hommes. Mais l'inquisiteur de Valladolid éventa la trame et fut inébranlable contre toutes les séductions et l'ascendant de l'autorité. Il soupçonna les témoignages, les démasqua, s'en procura de nouveaux, et déclara les deux frères absous. L'affaire ayant été portée en appel au tribunal suprême de l'Inquisition à Madrid, le grand inquisiteur lutta corps à corps avec l'enfant gigantesque de la faveur et le fit reculer. L'un des frères qui était emprisonné fut rendu à la liberté; et l'autre, qui avait pris la fuite, revint tranquillement dans ses foyers.

Précédemment, le grand inquisiteur *Avéda* étant venu faire la visite des prisons de l'Inquisition, y trouva quelques personnages à lui inconnus. *Qui sont ces hommes*, dit-il? — *Ce sont*, répondit-on, *des hommes arrêtés par ordre du gouvernement*, *et envoyés dans ces prisons pour telle et telle cause.* — *Tout cela*, reprit le grand inquisiteur, *n'a rien de commun avec la religion*, et il leur fit ouvrir les portes (1).

Le hasard m'a fait connaître ces anecdotes ; mille autres, sans doute, si elles étaient connues, attesteraient de même l'heureuse influence de l'Inquisition, considérée tout à la fois comme cour d'équité, comme moyen de haute police et comme censure. C'est en effet sous ce triple point de vue qu'elle doit être considérée ; car tantôt elle amortit les coups quelquefois trop rudes et pas assez gradués de la justice criminelle ; tantôt elle met la sou-

---

(1) Je tiens ces anecdotes d'un gentilhomme espagnol, infiniment distingué par son caractère élevé et par l'inflexible probité qui l'a constamment retenu dans le chemin de l'honneur et du danger, pendant les orages de sa patrie. Si cet écrit arrive, par hasard, jusqu'à lui, je le prie de se rappeler ces moments heureux, mais trop courts, où l'amitié instruisant l'amitié, au coin du feu, les heures s'écoulaient si doucement dans ce doux échange de pensées et de connaissances. Jetés un instant ensemble auprès d'une cour brillante, nous ne devons plus nous revoir, mais j'espère que nous ne pouvons nous oublier.

veraineté en état d'exercer, avec moins d'inconvénient que partout ailleurs, un certain genre de justice qui, sous une forme quelconque, se trouve dans tous les états; tantôt enfin, plus heureuse que les tribunaux des autres nations, elle réprime l'immoralité de la manière la plus salutaire pour l'état, en la menaçant, lorsqu'elle devient trop effrontée, d'effacer la ligne qui sépare le péché du délit.

Je ne doute nullement qu'un *tribunal de cette espèce*, modifié suivant les temps, les lieux et le caractère des nations, ne fût très utile dans tous les pays; mais qu'il n'ait au moins rendu un service signalé aux Espagnols, et que ce peuple illustre ne lui doive d'immortelles actions de grâces, c'est un point sur lequel il ne vous restera, j'espère, aucun doute, après la lecture de ma prochaine lettre.

Je suis, etc.

Moscou, $^{15}/_{27}$ *juillet* 1815.

LETTRE IV.

Monsieur le Comte,

Dans les sciences naturelles, il est toujours question de quantités moyennes; on ne parle que de *distance moyenne*, de *mouvement moyen*, de *temps moyen*, etc. Il serait bien temps enfin de transporter cette notion dans la politique, et de s'apercevoir que les meilleures institutions ne sont point celles qui donnent aux hommes le plus grand degré de bonheur possible à tel ou tel moment donné, mais bien celles qui donnent *la plus grande somme de bonheur possible au plus grand nombre de générations possibles. C'est le bonheur moyen*, et je ne crois pas qu'à cet égard il y ait aucune difficulté.

Sur ce principe, qui ne saurait être contesté, je serais curieux de savoir ce que le plus ardent ennemi de l'Inquisition répondrait à un Espagnol qui, passant même sous silence tout ce que vous venez de lire, la justifierait en ces termes :

« Vous êtes myope ; vous ne voyez qu'un « point. Nos législateurs regardaient d'en « haut et voyaient l'ensemble. Au commen- « cement du XVIe siècle, ils virent, pour « ainsi dire, *fumer* l'Europe ; pour se sous- « traire à l'incendie général, ils employè- « rent l'Inquisition, qui est le *moyen poli-* « *tique dont ils se servirent pour maintenir* « *l'unité religieuse et prévenir les guerres de* « *religion*. Vous n'avez rien imaginé de « pareil ; examinons les suites, je récuse « tout autre juge que l'expérience.

« Voyez la guerre de trente ans allumée « par les arguments de Luther; les excès « inouis des Anabaptistes et des paysans; les « guerres civiles de France, d'Angleterre et « de Flandre; le massacre de la Saint-Bar- « thélemy, le massacre de Mérindol, le mas- « sacre des Cévennes; l'assassinat de Marie- « Stuart, de Henri III, de Henri IV, de « Charles Ier, du prince d'Orange, etc., etc. « Un vaisseau flotterait sur le sang que vos « novateurs ont fait répandre; l'Inquisition « n'aurait versé que le leur. C'est bien à « vous, ignorants présomptueux, qui n'avez « rien prévu et qui avez baigné l'Europe dans « le sang; c'est bien à vous qu'il appartient « de blâmer nos rois qui ont tout prévu. « Ne venez donc point nous dire que l'In- « quisition a produit tel ou tel abus dans tel « ou tel moment; car ce n'est point de quoi « il s'agit, mais bien de savoir, *si, pen-* « *dant les trois derniers siècles, il y a eu,* « *en vertu de l'Inquisition, plus de paix et* « *de bonheur en Espagne que dans les au-*

« *tres contrées de l'Europe?* Sacrifier les gé-
« nérations actuelles au bonheur problématique des générations futures, ce peut être le calcul d'un philosophe, mais les législateurs en font d'autres.

« Et quand cette observation décisive ne suffirait pas, ce qui se passe aujourd'hui suffirait pour vous réduire au silence. C'est l'Inquisition qui a sauvé l'Espagne; c'est l'Inquisition qui l'a immortalisée. Elle a conservé cet esprit public, cette foi, ce patriotisme religieux qui ont produit les miracles que vous avez vus, et qui, suivant les apparences, en sauvant l'Espagne, ont sauvé l'Europe par la diversion la plus noble et la plus obstinée. Du haut des Pyrénées, l'Inquisition effrayait le philosophisme qui avait bien ses raisons pour la haïr. L'œil ouvert sans relâche sur les livres qui tombaient du haut de ces monts comme des lavanges menaçantes, ceux qui trompèrent en assez grand nom-

« bre sa force et sa vigilance ont suffi « pour donner à l'usurpateur quelques sujets « dignes de lui ; mais la masse est demeurée « saine, et l'Inquisition seule a pu la rendre « à son maître telle qu'il avait eu le mal- « heur de la perdre. »

Je ne sais en vérité ce qu'on pourrait répondre de raisonnable à ces observations ; mais ce qui est véritablement extraordinaire et peu connu, ce me semble, c'est l'apologie complète de l'Inquisition faite par Voltaire, et que je vais vous présenter comme un monument remarquable du bon sens qui aperçoit les faits, et de la passion qui s'aveugle sur les causes.

« Il n'y eut, dit-il, en Espagne, pendant « le XVIe et le XVIIe siècle, aucune de ces « révolutions sanglantes, de ces conspirations, « de ces châtiments cruels, qu'on voyait dans « les autres cours de l'Europe. Ni le duc de « Lerme, ni le comte Olivarès ne répandi-

« rent le sang de leurs ennemis sur les écha-
« fauds. Les rois n'y furent point assassinés
« comme en France, et n'y périrent point
« par la main du bourreau comme en An-
« gleterre (1). *Enfin, sans les horreurs de*
« *l'Inquisition, on n'aurait eu alors rien à*
« *reprocher à l'Espagne* (2). »

Je ne sais si l'on peut être plus aveugle. *Sans les horreurs de l'Inquisition, on n'aurait rien à reprocher à cette nation qui n'a échappé que par l'Inquisition aux horreurs qui ont déshonoré toutes les autres!* C'est une véritable jouissance pour moi de voir ainsi le génie châtié, condamné à descendre jusqu'à l'absurdité, jusqu'à la niaiserie, pour le punir de s'être prostitué à l'erreur. Je suis

---

(1) Lisez aujourd'hui : *Les rois n'y furent point assassinés et n'y périrent point par la main du bourreau, comme en France et en Angleterre.*

(2) Voltaire, Essai sur l'Histoire générale, tome IV, chap. CLXXVII, pag. 135, Œuvres complètes, in-8°, tome XIX.

moins ravi de sa supériorité naturelle que de sa nullité dès qu'il oublie sa destination.

Après les horreurs que nous avons vues en Europe, de quel front ose-t-on reprocher à l'Espagne une institution qui les aurait toutes prévenues. *Le Saint-Office*, *avec une soixantaine de procès dans un siècle*, *nous aurait épargné le spectacle d'un monceau de cadavres qui surpasserait la hauteur des Alpes*, *et arrêterait le cours du Rhin et du Pô* (1). Mais de tous les Européens, le Français serait, sans contredit, le plus insupportable critique de l'Inquisition, après les maux qu'il a faits ou causés dans le monde, après les maux plus terribles encore qu'il s'est faits à lui-même. Il serait inexcusable, s'il s'avisait de plaisanter l'Espagne sur de sages in-

---

(1) L'auteur anonyme de la brochure intitulée : Qu'importe aux Prêtres? *Christiapople*, 1797, in-8°, pag. 192.

stitutions qui l'ont préservée. Rendons justice à cette illustre nation. Elle est du petit nombre de celles qui, sur le continent européen, n'ont point du tout été complices de la révolution française. A la fin, sans doute, elle en a été la victime, mais le sang de quatre cent mille étrangers l'a suffisamment vengée, et maintenant nous la voyons revenir à ses anciennes maximes avec un impétuosité digne des respects de l'univers, quand même il s'y trouverait quelque chose d'exagéré.

Le comité des Cortès, que je vous ai déjà beaucoup cité, a bien senti la force de l'argument qui résultait en faveur de l'Inquisition, de cette importante considération des maux qu'elle a prévenus. Pour se tirer de là, le rapporteur a trouvé un moyen expéditif et tout à fait commode, c'est de nier cette influence. *L'autorité des évêques*, dit-il, *si elle eût été conservée, aurait servi à l'Espagne pour se défendre contre les derniers hérésiarques. Ce n'est point à l'Inquisition que nous devons ce bonheur* (1).

Observez, monsieur, comment la passion ne fait jamais attention à ce qu'elle dit. Nous avons vu plus haut (2) que les évêques n'ont point à se plaindre des inquisiteurs, qu'ils regardent au contraire comme des *alliés fidèles* dans la conservation de la foi. Mais en accordant tout au comité pour le réfuter toujours par lui-même, si le pouvoir ordinaire des évêques devait suffire à l'Espagne pour repousser le *démon du septentrion*, comment ce même pouvoir, usurpé par l'Inquisition, *augmenté et corrigé* d'ailleurs d'une manière assez imposante, n'a-t-il été d'aucune utilité à l'Espagne? C'est un fait notoire que les derniers hérésiarques n'ont

(1) *Porque no se debe attribuir à la Inquisicion la felicidad que ha gozada Espâna de no ser alterada por los ultimos heresiarcas.* (Informe, etc., pag. 77.)

(2) Suprà, Lettre IIe, pag. 70.

pu mettre le pied en Espagne, et quelque chose, sans doute, a donc suffi pour cela. Qu'est-ce donc qui a *suffi?* Ce n'est pas le pouvoir des évêques, puisque l'Inquisition les en avait dépouillés : ce n'est pas non plus l'Inquisition elle-même; le comité nous en donne sa parole d'honneur. Moins encore on peut en remercier les tribunaux civils, les gouverneurs des provinces, etc., puisque l'Inquisition était revêtu d'une juridiction exclusive dans toutes les affaires de religion. Encore une fois, *puisque quelque chose a suffi, qu'est-ce qui a suffi?* Si le comité ne l'a pas vu, c'est qu'il fermait les yeux; mais pour tout homme qui les tiendra ouverts, il demeurera certain que toutes les nations européennes ayant été plus ou moins attaquées et bouleversées par les derniers hérésiarques, excepté l'Espagne et celles qui avaient plus ou moins adopté la juridiction et les formes de l'Inquisition, l'équité et la raison défendent également d'attribuer la préservation de l'Espagne à toute autre cause qu'au tribunal de l'Inquisition, surtout lors qu'on ne sait pas indiquer cette autre cause. Comme si, dans le XIVe siècle, une seule nation avait échappé à la peste noire qui désola l'Europe, lorsque cette nation viendrait ensuite à vanter un remède prophylactique qu'elle aurait annoncé et préparé pour cet effet, un remède dont elle aurait usé sans interruption, et dont elle ferait connaître tous les ingrédients d'un genre notoirement préservatif, il serait souverainement déraisonnable de lui dire qu'elle ne doit rien à ce remède, et que d'autres auraient suffi, tandis que nulle part, hors de chez elle, ces autres remèdes n'auraient point suffi.

Il manquerait quelque chose d'important à l'apologie de l'Inquisition, si je ne vous faisais remarquer l'influence de cette institution sur le caractère espagnol. Si la nation a conservé ses maximes, son unité et cet esprit public qui l'a sauvée, elle le doit uniquement à l'Inquisition. Voyez la tourbe des hommes formés à l'école de la philosophie moderne ; qu'ont-ils fait en Espagne? Le mal, et rien que le mal. Eux seuls ont appelé la tyrannie ou transigé avec elle : eux seuls ont prêché les demi-mesures, l'obéissance à l'empire des circonstances, la timidité, la faiblesse, les lenteurs, les tempéraments, à la place de la résistance désespérée et de l'imperturbable fidélité. Si l'Espagne avait dû périr, c'est par eux qu'elle aurait péri. Une foule d'hommes superficiels croient qu'elle a été sauvée par les Cortès ; elle l'a été, au contraire, *malgré* les Cortès, qui ont embarrassé les Anglais plus que la politique ne leur a permis de le dire. C'est le peuple qui a tout fait, et quand il y aurait eu, dans le parti philosophique et parmi les ennemis de l'Inquisition, de véritables Espagnols capables de se sacrifier pour leur patrie, qu'auraient-ils fait sans le peuple ? Et qu'aurait fait le peuple à son tour, s'il n'avait été conduit par les idées nationales, et surtout par ce qu'on appelle la *supersti-*

tion ? Voulez-vous éteindre cet enthousiasme qui inspire les grandes pensées et les grandes entreprises, glacer les cœurs, et mettre l'égoïsme à la place de l'ardent amour de la patrie, ôtez à un peuple sa croyance, et rendez-le philosophe.

Il n'y a pas, en Europe, de peuple moins connu et plus calomnié que le peuple espagnol. La *superstition espagnole*, par exemple, a passé en proverbe : cependant rien n'est plus faux. Les classes élevées de la nation en savent autant que nous. Quant au peuple, proprement dit, il peut se faire, par exemple, que, sur le culte des saints, ou, pour mieux dire, sur l'honneur rendu à leurs représentations, il excède de temps à autre la juste mesure ; mais le dogme étant mis sur ce point hors de toute attaque, et ne permettant plus même la moindre chicane plausible, les petits abus de la part du peuple ne signifient rien dans ce genre, et ne sont pas même sans avantage, comme je pourrais vous le démontrer, si c'était ici le lieu. Au reste, l'Espagnol a moins de préjugés, moins de superstitions que les autres peuples qui se moquent de lui sans savoir s'examiner eux-mêmes. Vous connaissez, j'espère, de fort honnêtes gens, et fort au-dessus du peuple, qui croient de la meilleure foi du monde aux amulettes, aux apparitions, aux remèdes sympathiques, aux devins et devineresses, aux songes, à la théurgie, à la communication des esprits, etc., etc., etc.; qui sortiront brusquement de table, si, par le comble du malheur, ils s'y trouvent assis avec douze convives; qui changeront de couleur, si un laquais sacrilége s'avise de renverser une salière; qui perdraient plutôt un héritage que de se mettre en route tel ou tel jour de la semaine, etc., etc., etc. Eh bien! monsieur le comte, allez en Espagne, vous serez étonné de n'y rencontrer aucune de ces humiliantes supertitions (1).

---

(1) Je n'ai jamais voyagé en Espagne, mais je suis as-

C'est que le principe religieux étant essentiellement contraire à toutes ces vaines croyances, il ne manquera jamais de les étouffer partout où il pourra se déployer librement; ce que je dis néanmoins sans prétendre nier que ce principe n'ait été puissamment favorisé en Espagne par le bon sens national.

Cependant on ne veut point faire de grâce à l'Espagne, et, l'année dernière encore, il fut dit à Londres, en plein parlement, *que tout ce qu'il avait été possible de faire par la voie des remontrances et des représentations, pour s'opposer aux mesures* HONTEUSES *des autorités espagnoles, et surtout au rétablissement de la* DÉTESTABLE *Inquisition, avait été tenté inutilement par l'ambassadeur anglais à Madrid* (1).

---

suré de ce fait par l'autorité espagnole la plus estimable : j'espère qu'elle ne peut me tromper.

(1) Séance de la chambre des Communes, du 22 novembre 1814.

J'ai beau chercher, je vous l'avoue, avec toute la bonne foi possible, et en me rappelant tout ce que je viens d'écrire, ce qu'il y a de détestable dans ce fameux tribunal, je ne sais pas le voir; mais une accusation aussi solennelle, et portée sur un théâtre aussi respectable que celui du parlement d'Angleterre, m'inspire l'idée d'une discussion particulière. J'espère vous démontrer dans les lettres suivantes que les Anglais ont peut-être moins de droit que toutes les autres nations européennes de reprocher à l'Espagne son Inquisition. Vous en jugerez incessamment: permettez-moi de prendre congé de vous.

J'ai l'honneur d'être, etc.

Moscou, 3/15 *août* 1815.

LETTRE V.

Monsieur le Comte,

Vous ne serez point étonné, sans doute, que l'attaque faite sur l'Espagne, au sein du parlement d'Angleterre, m'ait semblé exiger une discussion particulière. Les représentants de cette grande nation méritent bien d'être entendus lorsqu'ils émettent une opinion au milieu des comices nationaux. Le peuple anglais, le premier sans contredit entre tous les peuples protestants, est le seul d'ailleurs qui ait une voix nationale et le droit de parler comme peuple. Je crois donc utile de le prendre à partie, et de lui demander compte de sa foi, sans manquer aux égards qui lui sont justement dus. En voyant où il a été conduit parce qu'il appelle sa *tolérance*, nous verrons peut-être que cette tolérance, telle qu'on l'entend en Angleterre, ne saurait s'allier avec une foi positive quelconque.

L'Angleterre tolère toutes les sectes et ne proscrit que la *religion* (dont toutes ces sectes se sont détachées). L'Espagne, au contraire, n'admet que la *religion* et proscrit toutes les sectes : comment deux lois fondamentales, diamétralement opposées, pourraient-elles être défendues par les mêmes moyens ? Il ne s'agit nullement de savoir s'il faut des lois coercitives pour laisser à chacun liberté de faire ce qu'il veut, car ce problème n'est pas difficile. Il s'agit de savoir *comment un état pourra, sans aucunes lois de ce genre, maintenir* chez lui l'unité de croyance et de culte, et cet autre problème n'est pas tout à fait si aisé.

Les Anglais font un singulier raisonnement : ils établissent, sous le nom spécieux de *tolérance*, une indifférence absolue en fait de religion ; puis ils partent de là pour juger des nations aux yeux desquelles cette indifférence est le plus grand des malheurs et le plus grand des crimes. *Nous sommes heureux ainsi*, disent-ils : fort bien, si l'unité de religion et si le monde futur ne sont rien pour eux ; mais en partant des deux suppotions contraires, comment s'y prendraient leurs hommes d'état pour satisfaire cette première volonté de la législation ?

« Dieu a parlé : c'est à nous de croire.
« La religion qu'il a établie est *une* précisément comme lui. La vérité étant intolérante de sa nature, professer la tolérance religieuse, c'est professer le doute, c'est-à-dire, exclure la foi. Malheur et mille fois malheur à la stupide imprudence qui nous accuse de *damner les hommes !*
« C'est Dieu qui damne ; c'est lui qui a dit

« à ses envoyés : *Allez , enseignez toutes*
« *les nations ! Celui qui croira sera sauvé ;*
« *les autres seront condamnés*. Pénétrés de
« sa bonté , nous ne pouvons cependant ou-
« blier aucun de se ses oracles : mais quoi-
« qu'il ne puisse *tolérer* l'erreur , nous sa-
« vons néanmoins qu'il peut lui *pardonner*.
« Jamais nous ne cesserons de la recom-
« mander à sa miséricorde : jamais nous ne
« cesserons, ni de tout espérer pour la bonne
« foi , ni de trembler en songeant que Dieu
« seul la connaît. »

Telle est la profession de foi d'un Espagnol et de quelques autres hommes encore. Cette foi suppose nécessairement dans ses adeptes un prosélytisme ardent , une aversion insurmontable pour toute innovation , un œil toujours ouvert sur les projets et les manœuvres de l'impiété , un bras intrépide et infatigable toujours élevé contr'elle. Chez les nations qui professent cette doctrine, la législation se tourne avant tout vers le monde futur ; *croyant que tout le reste leur sera ajouté*. D'autres nations au contraire disent négligemment : *Deorum injuriæ diis cura* (1). Pour elles l'avenir n'est rien. Cette vie commune de vingt-cinq ans environ, accordée à l'homme, attire tous les soins de leurs législateurs. Ils ne pensent qu'aux sciences, aux arts, à l'agriculture, au commerce, etc. Ils n'osent pas dire expressément : *Pour nous, la religion n'est rien ;* mais tous leurs actes le supposent, et toute leur législation est tacitement matérialiste, puisqu'elle ne fait rien pour l'esprit et pour l'avenir.

Il n'y a donc rien de commun entre ces deux systèmes, et celui de l'indifférence n'a rien à reprocher à l'autre, jusqu'à ce qu'il lui ait indiqué un moyen sûr de se défendre sans vigilance et sans rigueur, ce qui, je pense, ne sera pas trouvé fort aisé.

---

(1) *Les injures faites aux dieux sont leur affaire.*
TACIT., Annal., liv. 73.

L'Angleterre elle-même, qui prêche si fort la tolérance aux autres nations, comment a-t-elle pris patience lorsqu'elle a cru sa religion attaquée ? Hume lui a reproché son Inquisition contre les Catholiques *plus terrible*, dit-il, *que celle d'Espagne*, puisqu'elle exerçait la *même tyrannie en se débarrassant des formes* (1).

Sous la féroce Elisabeth, l'Anglais qui retournait à l'Eglise romaine ; celui qui avait le bonheur de lui donner un partisan, étaient déclarés coupables de lèse-majesté (2).

---

(1) *The whole tyranny of the Inquisition; though without its order, was introduced in the kingdom* (Hume's history of England. James the 1617, ch. LVII, in-4°, pag. 109.) Hume sans s'en apercevoir, s'exprime ici d'une manière assez inexacte. Un tribunal qui marche environné de lois et de formes, appuyé sur la *miséricorde* autant que sur la *justice*, ne peut être que *sévère*. Celui qui condamne sans formalités est purement et simplement *assassin*, et, comme tel, exécrable.

(2) *Whoever in any way reconciled any one to the Church of Rome; or was himself reconciled, was*

Tout homme âgé de plus de seize ans, qui refusait, pendant plus d'un mois, de fréquenter le service protestant, était emprisonné. S'il lui arrivait de récidiver, il était banni à perpétuité; et s'il rentrait (pour voir sa femme, par exemple, ou pour assister son père), on l'exécutait comme traître (1).

Campian, renommé pour sa science, son éloquence et la pureté de ses mœurs, fut exécuté sous ce règne, uniquement comme missionnaire et consolateur de ses frères. Accusé sans pudeur *d'être entré dans un complot qui avait existé contre la reine Eli-*

---

declared to be guilty of treason. (Idem, ibid., 1581, chap. 41, pag. 113.)

(2) Nat. Alex., hist. eccles. Sæculi XVI, cap., V, p. 169. Chaloner; Mémoires pour servir à l'histoire de ceux qui ont souffert en Angleterre pour la religion. Londres, 1741. — Der Triumph der Philosophie, etc., in-8°, tom. I, pag. 448.

sabeth (1), il fut torturé avec une telle inhumanité, que le geolier, témoin de ces horreurs, dit *que ce pauvre homme serait bientôt allongé d'un demi-pied*. Trois de ses juges, effrayés d'une telle injustice, se retirèrent, refusant de prendre part à cet assassinat juridique (2).

Walpole fut jugé et exécuté de même. La reine lui fait offrir son pardon sur l'échafaud, s'il voulait reconnaître la nouvelle suprématie. Il refuse et meurt (3).

Qui ne connaît les horribles cruautés exercées, sous ce règne, contre les Catholiques d'Irlande, par le lord Fitz-William (4)? Elisabeth en avait une parfaite connaissance.

---

(1) Formule de Robespierre, que personne n'a pu oublier encore.

(2) Der Triumph der Philosophie, etc.

(3) Der Triumph der Philosophie, etc. Ibid.

(4) *Elles ne peuvent être excusées par aucun prin-*

On conserve encore aujourd'hui, dans les archives du collége de la Trinité, à Dublin, une lettre manuscrite dans laquelle un officier nommé *Lec* décrit ces cruautés sans détour: *Elles sont telles*, dit-il, *qu'on s'attendrait plutôt à les rencontrer dans l'histoire d'une province turque, que dans celle d'une province anglaise* (1). *Et cependant*, ajoute le docte Cambden, *Elisabeth ne croyait pas que la plupart de ces malheureux prêtres, ainsi égorgés par les tribunaux, fussent coupables d'aucun crime contre la patrie* (2). L'aimable femme !

Enfin, la réunion des lois (s'il est permis de profaner ainsi ce nom) portée contre les Catholiques, en Irlande surtout, *forme-*

---

cipe de justice ou de nécessité. (Edimburg-Review. Octobre 1804, n° 9, pag. 156.)

(1) Edimburg-Review, ibid., pag. 159.

(2) Cambden. Annales d'Angleterre, édition de 1615, tom. I, pag. 327.

rait un code d'oppression sans exemple dans l'univers (1).

Bâcon, dans ce qu'il appelle son *Histoire naturelle*, parle, avec plus de sérieux peut-être qu'il ne l'aurait dû, de je ne sais quel onguent magique, où il entrait, entr'autres belles choses, *la graisse d'un sanglier, et celle d'un ours, tués l'un et l'autre dans l'acte même de la reproduction*, et de plus, *une certaine mousse qui se forme sur le crâne d'un cadavre humain laissé sans sépulture*. Il trouve qu'il serait assez difficile de se procurer le premier ingrédient dans toute sa légitimité constatée; *mais, quant au second*, dit-il avec un sang-froid admirable, et sans la plus légère grimace de dégoût, *il*

---

(1) *Unparalleled Code of opression.* (Burke's letter to sir Henri Lang, in-8°, pag. 44.) Dans la séance du 10 mai 1805, un lord irlandais s'écriait encore pathétiquement: *O mon infortunée patrie, ne connaîtras-tu jamais le repos?* (Cobbet's parliamentary debates, etc., tom. IV. London, 1805, in-8°, col. 721.)

est certain qu'on en trouverait à foison en Irlande sur les cadavres qu'on y jette à la voirie par monceaux (1).

Et remarquez, monsieur, je vous en prie, que, dans le pays témoin de cette inexorable persécution, on tient encore pour certain, et il a été solennellement professé en plein parlement, par une suite du même esprit continué, *que si le roi d'Angleterre venait à embrasser une autre religion que l'anglicane, il serait par le fait même privé de la couronne* (2).

Je crois, dans ma conscience, que les Anglais y penseraient à deux fois; mais prenons cette déclaration au pied de la lettre. Je trouve étrange, en vérité, que le parle-

---

(1) *Sylva Sylvarum; ora natural history.* Cent. X, n° 998.

(2) *Parliamentary debates,* à l'endroit cité, col. 677, discours du lord H......

ment d'Angleterre ait le droit incontestable de chasser le meilleur de ses rois, qui s'aviserait d'être catholique, et que *le roi catholique* n'ait pas le droit de chasser le dernier de ses sujets qui s'aviserait d'être protestant.

Voilà comment les nations tombent en contradiction avec elles-mêmes, et deviennent ridicules sans s'en apercevoir. Un Anglais vous prouvera doctement que son roi n'a pas le moindre droit sur les consciences anglaises, et que s'il osait entreprendre de les ramener au culte primitif, la nation serait en droit de se faire justice de sa personne sacrée; mais si l'on dit à ce même Anglais : *Comment donc Henri VIII ou Elisabeth avaient-ils plus de droit sur les consciences d'alors, que le roi Georges III n'en a sur celles d'aujourd'hui, et comment des Anglais de cette époque étaient-ils coupables de résister à ces deux souverains devenus tyrans par rapport à eux, suivant la théorie anglaise?* Il ne manquera pas de s'écrier, avant d'y avoir réfléchi : *Oh! c'est bien différent!* quoiqu'il n'y ait réellement qu'une seule et incontestable différence, c'est que les opposants d'alors combattaient pour une possession de seize siècles ; tandis que les possesseurs d'aujourd'hui sont nés d'hier.

A Dieu ne plaise que je veuille réveiller d'anciennes querelles : je dis seulement, et j'espère que vous serez de mon avis, que les Anglais sont peut-être le peuple de la terre qui a le moins de droit de reprocher à l'Espagne sa législation religieuse. Lorsqu'avec plus de moyens de se défendre qu'il n'en fut donné aux autres nations, on s'est livré cependant aux mêmes fureurs ; lorsqu'on a chassé un roi légitime, qu'on en a égorgé un autre ; qu'on a passé enfin par toutes les convulsions du fanatisme et de la révolte pour arriver à la tranquillité, comment trouve-t-on le courage de reprocher à l'Espagne sa *détestable Inquisition ;* comme si l'on pouvait ignorer que l'Espagne *seule*, au moyen de cette *seule* institution, a pu traverser deux siècles de délire et de forfaits avec une sagesse qui a forcé jusqu'à l'admiration de Voltaire !

Ce même Voltaire disait fort bien, quoiqu'il appliquât mal la maxime, que *lorsqu'on a une maison de verre, il ne faut pas jeter des pierres dans celle de son voisin.*

Vous direz peut-être : *Les convulsions de l'Angleterre ont cessé; son état actuel lui a coûté des flots de sang, mais enfin cet état l'élève à un point de grandeur fait pour exciter l'envie des autres nations.*

Je réponds d'abord que personne n'est obligé d'acheter un bonheur futur et incertain par de grands malheurs actuels; le souverain capable de faire ce calcul est également téméraire et coupable. Par conséquent, les rois d'Espagne qui arrêtèrent, par quelques gouttes du sang le plus impur, des torrents du sang le plus précieux prêts à s'épancher, firent un excellent calcul, et demeurent irréprochables.

Je réponds, en second lieu, qu'il n'en a pas seulement coûté à l'Angleterre des *torrents de sang* pour arriver où elle est, mais qu'il lui en a coûté la foi, c'est-à-dire tout. Elle n'a cessé de persécuter qu'en cessant de croire ; ce n'est pas une merveille dont il faille beaucoup se vanter. On part toujours, dans ce siècle, quoique d'une manière tacite, de l'hypothèse du matérialisme, et les hommes les plus raisonnables sont à la fin entraînés par le torrent, sans qu'ils s'en aperçoivent. Si ce monde est tout, et l'autre rien, on fait bien de faire tout pour le premier et rien pour l'autre ; mais si c'est tout le contraire qui est vrai, c'est aussi la maxime contraire qu'il faut adopter.

L'Angleterre dira, sans doute, *c'est vous qui avez perdu la foi, et c'est nous qui avons raison*. Certes, il ne faut pas être extrêmement fin pour deviner cette objection, mais la réplique se présente encore plus vite, et la voici.

Prouvez-nous donc que vous croyez votre religion, et montrez-nous comment vous la défendez?

Il n'y a pas d'homme instruit qui ne sache à quoi s'en tenir sur ces deux points; car, dans le fait, toute cette tolérance dont se vante l'Angleterre n'est, au fond, que de l'indifférence parfaite. Celui qui croit doit être charitable, sans doute, mais il ne peut être tolérant sans restriction. Si l'Angleterre tolère tout, c'est qu'elle n'a plus de symbole que sur le papier des trente-neuf articles.

Si l'Angleterre avait un système de croyance fixe, elle aimerait les différents symboles chrétiens, à mesure qu'ils se rapprochent du sien ; mais il n'en est rien, et mille fois plus volontiers elle consentirait à se voir représentée au parlement par un socinien que par un Catholique; preuve certaine que la croyance n'est rien pour elle.

Et puisque la foi échappe visiblement et totalement à l'Angleterre, cette nation, d'ailleurs infiniment respectable, a perdu le droit de critiquer celle qui, mettant la perte de la foi au premier rang des malheurs, prend ses mesures pour la conserver.

Plus vous examinerez la chose, et plus vous aurez lieu de vous convaincre que ce qu'on appelle *Religion*, dans plusieurs pays, n'est que la haine du système exclusif. Cette rage s'appelle piété, zèle, foi, etc. *Dant nomen quodibet illi* (1).

---

(1) Un des plus grands hommes d'état de notre siècle (quoiqu'il n'ait exercé ses talents que sur un théâtre rétréci), et protestant par sa naissance, me disait jadis :

Nous avons entendu naguère un évêque anglais avancer, non dans un ouvrage d'érudition ou de théologie polémique, mais dans un mandement adressé à ses propres diocésains, l'étrange thèse : *Que l'église anglicane n'est pas protestante;* ceci est curieux : mais qu'est-elle donc, s'il vous plaît? Le prélat anglais répond : SCRIPTURALE (1); ce qui signifie en d'autres termes plus précis : *Que l'église anglicane n'est pas protestante*,

---

Sans vous nous n'existerions pas. C'était un mot bien vrai et bien profond; il sentait que la religion de tous les *négatifs* quelconques n'est qu'une haine commune contre l'*affirmation*; or, si l'on vient à supprimer l'objet d'une haine, que reste-t-il? Rien.

(1) *Our articles and liturgy do no exactly correspond with the sentiments of any of the eminent reformers upon the continent, or with the creeds o any of the protestant churches which are there established* (comme si l'on ne *protestait* pas, parce qu'on ne *proteste* pas avec d'autres!) *our church is not* Luteran; *it is not* Calvinist; *it is not* Arminian; *it is* SCRIPTURAL, etc. (A charge delivered to the clergy of the diocese of Lincoln, etc. London. Cadell and Davis, 1803, in-4°.)

mais qu'elle est protestante; car le *Protestantisme* consiste essentiellement à ne vouloir être que *scripturale ;* c'est-à-dire, à mettre l'écriture seule à la place de l'autorité.

Vous n'avez pu oublier, monsieur le comte, j'en suis bien sûr, qu'en l'année 1805 un évêque anglais fut consulté par une dame de ses amies sur l'importante et surtout dif-

---

Un journal, consacré aux véritables maximes anglaises, approuve beaucoup cette assertion (*Anti-Jacobin, janvier* 1803, n° 67, pag. 56.), et il cite ailleurs le livre d'un théologien anglais (M. Faber), qui en a fait l'épigraphe de ce livre.

Il va sans dire, au reste, que le Luthérien dira : *Notre Eglise n'est point calviniste, elle n'est point anglicane, etc.;* elle est SCRIPTURALE. Et le calviniste dira : *Notre Eglise n'est point luthérienne,* elle n'est point anglicane; elle est SCRIPTURALE, et ainsi du reste.

Ce sophisme, risible en lui-même, fait cependant beaucoup d'honneur à l'homme du premier mérite qui l'a employé. Il montre une conscience inquiète et par conséquent droite, qui tâtonne et cherche un appui vrai.

ficile question de savoir *si elle pouvait en conscience marier sa fille à un homme étranger à l'Eglise anglicane* (quoique non catholique ni protestant).

La réponse, que les principaux intéressés ne tinrent point secrète, et qui me fut communiquée dans votre société même, est une des choses les plus curieuses que j'aie lues de ma vie. Le savant évêque établit d'abord la grande distinction des articles fondamentaux et non fondamentaux. Il regarde comme *Chrétiens* tous ceux qui sont d'accord sur les premiers. « Du reste, dit-il, chacun a sa « conscience, et Dieu nous jugera. Il a « connu lui-même un gentilhomme, élève « d'Eton et de Cambridge, qui, après avoir « dûment examiné, suivant son pouvoir, « le fondement des deux religions, se dé- « termina pour celle de Rome. Il ne le « blâme point, et par conséquent il croit « que la tendre mère peut, en toute sûreté « de conscience, marier sa fille hors de

« l'église anglicane, quoique les enfants
« qui pouvaient provenir de ce mariage dussent être élevés dans la religion de l'époux; *d'autant plus*, ajoute le prélat, « *que lorsque ces enfants seront arrivés* « *à l'âge mûr, ils seront bien les maîtres* « *d'examiner par eux-mêmes laquelle des* « *différentes Eglises chrétiennes s'accorde* « *le mieux avec l'Evangile de Jésus-* « *Christ* (1).

Cette décision dans le bouche d'un *évêque* ferait horreur. Elle honore au contraire infiniment un *évêque anglican*, et quand

(1) Voici les propres paroles de l'excellent évèque.

If in every other respect the malch meet with her approbation and that of her parents it must not be declined from any apprehension of her children's salvation being risqued by being educated in the R... *church*, especially as when they arrive at mature age the will by at liberty to examine and judge for themselves which of all the christian churches is most suitable to the gospel christ. C..... P..... 27 march 1805.

même celui qui l'a donnée n'aurait pas fait ses preuves d'ailleurs, et ne jouirait pas de la réputation la plus étendue et la plus méritée, il n'en faudrait pas davantage pour lui concilier la profonde estime de tout homme estimable ; il faut certainement être doué d'une raison bien indépendante, d'une conscience bien délicate et d'un courage bien rare pour exprimer, avec cette franchise, l'égalité présumée de tous les systèmes, c'est-à-dire, la nullité du sien.

Telle est la foi des évêques dans ce pays fameux, qui est à la tête du système protestant : l'un rougit publiquement de son origine, et voudrait effacer du front de son église l'ineffaçable nom qui est l'essence même de cette église, puisque son être n'étant qu'une *protestation* contre l'autorité, aucune diversité dans la *protestation* ne saurait en altérer l'essence, et puisqu'elle ne pourrait, en général, cesser de *protester* sans cesser d'*être*.

L'autre, partant du jugement particulier, base du système protestant, en tire, avec une franchise admirable, les conséquences inévitables. *L'homme n'ayant sur l'esprit d'un autre que le seul pouvoir du syllogisme* (que chacun s'arroge également), *il s'ensuit que, hors des sciences exactes, il n'y a point de vérité universelle, et surtout point de vérité divine; l'appel à un livre serait, non pas seulement une erreur, mais une bêtise, puisque c'est le livre même qui est en question. Si je croyais d'une foi divine les dogmes que j'enseigne uniquement de par le Roi, je serais éminemment coupable en conseillant de faire élever de malheureux enfants dans l'erreur, et leur réservant seulement la faculté de revenir à la vérité lorsqu'ils auront les connaissances nécessaires; mais je ne crois point ces dogmes; du moins je ne les crois que d'une croyance humaine, comme je croirais, par exemple, au système de Staalh, sans empêcher personne de croire à celui de La-*

voisier, et sans voir de raison pour qu'un chimiste de l'une de ces deux écoles refuse sa fille à un partisan de l'autre.

Tel est le sens exact de la réponse donnée par le savant évêque. Il faut avouer que la sagesse et la probité réunies ne sauraient mieux dire; mais, je le demande de nouveau, qu'est-ce que la foi dans un pays où les premiers pasteurs pensent ainsi? Et de quel ascendant peuvent-ils jouir sur la masse du peuple?

J'ai connu beaucoup de Protestants, beaucoup d'Anglais surtout, en qui je suis habitué d'étudier le Protestantisme. Jamais je n'ai pu voir en eux que des théistes plus ou moins perfectionnés par l'Evangile, mais tout à fait étrangers à ce qu'on appelle *foi*, c'est-à-dire, *croyance divinisée*.

L'opinion seule qu'ils ont des ministres de leur religion est un signe infaillible de celle qu'ils ont de la doctrine enseignée par ces prédicateurs, car il y a entre ces deux choses une relation constante et invariable.

Un Anglais, également recommandable par son rang et par son caractère, me disait un jour dans l'intimité du tête-à-tête, *qu'il n'avait jamais pu regarder sans rire la femme d'un évêque*. Le même sentiment se trouve plus ou moins dans tous les cœurs. On sait que Locke appelait déjà le banc des évêques le « *caput mortuum* de la *Chambre des Pairs*. » Le nom primitif subsiste, mais ce n'est plus qu'un fantôme léger et *magni nominis umbra*.

Quant aux ministres du second ordre, il est peu nécessaire d'en parler.

Le prédicateur de la foi est toujours considéré; mais le prédicateur du doute est toujours ridicule. Partout donc où l'on doute, le ministre est ridicule, et réciproquement, partout où il est ridicule, on doute; et, par conséquent, il n'y a point de foi.

Relisez les discussions qui eurent lieu au sujet du bill proposé pour l'émancipation des Catholiques (qui ne perdirent leur cause que par une seule voix), vous serez surpris de l'extrême défaveur qui se montra de mille manières dans le cours des débats contre l'ordre des ecclésiastiques. Un opinant alla même jusqu'à dire (il m'en souvient parfaitement), *qu'ils ne devaient pas se mêler de ces sortes de discussions*, ce qui est tout à fait plaisant dans une question de religion. Au fond, cependant, il avait raison; car, du moment que la religion n'est plus qu'une affaire politique, ses ministres, *comme tels*, n'ont plus rien à dire. Or, c'est précisément le cas où se trouve l'Angleterre; la tolérance dont on s'y vante *n'est* et ne *peut être* que de l'indifférence.

Les papiers publics et les pamphlets du jour nous ont raconté la mort de quelques hommes célèbres de l'Angleterre.

L'un des plus distingués dans ce groupe brillant, Charles Fox, disait à ses amis en mourant : *Que pensez-vous de l'âme ?* Il ajoutait : *Je crois qu'elle est immortelle... Je le croirais, quand même il n'y aurait jamais eu de Christianisme* (1)*; de savoir ensuite quel sera son état après la mort, c'est ce qui passe les bornes de mon esprit* (2).

Son illustre rival le suivit de près, et les détails de sa mort ont été de même connus du public. On voit un évêque qui fut son

(1) Vous le croyez?

(2) U. Circumstantial details of the long illness and lest moments of the R. H. Charles-James Fox, etc. London, 1805, in-8°, pag. 60. L'historien de sa mort nous dit : *Il n'était point un impie, mais il avait sa reli-*

précepteur (1), priant à ses côtés ; mais de la part du mourant, rien qui puisse édifier la croyance chrétienne.

J'ai suivi toutes ces morts anglaises avec une extrême attention ; jamais je n'ai pu surprendre un seul acte décisif de foi ou d'espérance véritablement chrétienne.

Nous trouvons, parmi les lettres de madame du Deffant, la profession de foi de son illustre ami. « Je crois, disait il à l'im-« pertinente incrédule, je crois une vie fu-« ture. Dieu a tant fait de bon et de beau, « qu'on devrait se fier à lui pour le reste. « Il ne faut pas avoir le dessein de l'of-

---

gion à lui. (Ibid., pag. 37.) Il n'y a rien là d'extraordinaire : c'est la confession de foi unique et nécessaire de tout homme qui n'est ni athée ni chrétien accompli.

(1) C'est ce même homme respectable que nous avons vu plus haut désavouer si noblement, quoique sans aucune espèce de raison, le titre de *protestant*. Suprà, pag. 128.

« fenser (1): la vertu doit lui plaire, donc « il faut être vertueux; mais notre nature « ne comporte pas la perfection. Dieu ne « demande donc pas une perfection qui « n'est pas naturelle; voilà ma croyance. « elle est fort simple et fort courte (2). Je « crains peu, parce que je ne sers pas un « tyran (3). »

Tout Anglais sensé peut s'examiner lui-même; il ne trouvera rien de plus au fond de son cœur (4).

---

(1) Il y aurait à cela un peu trop de malice, mais pourvu qu'on n'agisse point *précisément* pour l'offenser, il est raisonnable.

(2) En effet, ce n'est ni celle dite des *Apôtres*, ni celle dite de *saint Athanase*, ni celle de Nicée, ni celle de Constantinople, ni celle de Trente, ni la confession d'Augsbourg, ni les trente-neuf articles, etc., etc.

(3) Horace Walpole, dans les lettres de madame du Deffant, in-8°, tom. I, lettre XXX, pag. 153 : note.

(4) A moins qu'il ne penche dans son cœur vers *un autre système*; mais, dans ce cas, c'est une preuve de plus en faveur de la thèse générale.

Une autre preuve de l'indifférence anglaise, en matière de religion, se tire de l'indifférence des tribunaux anglais pour tous les attentats commis contre la foi présumée du pays. Quelquefois ils ont paru ouvrir les yeux et faire justice. On vit anciennement Wallaston condamné à une amende qu'il ne pouvait payer, c'est-à-dire, à une prison perpétuelle, pour *ses discours sur Jésus-Christ*. Nous avons vu, il n'y a que deux ans, un M. Eason, attaché au pilori, pour avoir tenté de renverser la religion du pays (1). Mais qu'on ne s'y trompe pas ; ces hommes et quelques autres, peut-être, dont j'ignore le sort, étaient infailliblement ce qu'on ap-

(1) Voyez le *Morning-Chronicle*, du 5 juin 1812, n° 13,441. On y lit une lettre dont l'auteur, qui blâme la sévérité des juges, et qui signe *un vrai Chrétien*, prouve au moins qu'il n'est pas *un vrai logicien*, puisqu'il termine par cet inconcevable paradoxe : *Une religion peut bien être* détruite, mais jamais soutenue *par la persécution*. Comme s'il était possible de détruire un système ennemi sans soutenir la religion attaquée.

pelle, en style vulgaire, de pauvres diables sans fortune et sans protection. Il se peut que les tribunaux prennent la fantaisie de faire sur de pareils hommes quelques expériences pour s'exercer; mais pour peu qu'on soit à la mode; pour peu qu'on s'appelle, je ne dis pas *Bolingbroke*, mais seulement *Hume* ou *Gibbon*, on pourra fort bien blasphémer toute sa vie, et n'en recueillir qu'honneur et profit.

Hume n'a-t-il pas employé toutes les forces de son esprit à renverser les premières vérités et toutes les bases de la morale? N'a-t-il pas dit en propres termes, entr'autres élégances : *Qu'il est impossible*

C'est tout comme si l'on disait qu'un certain remède peut bien *détruire* une maladie, mais que jamais il n'a *conservé* la santé. Il est au reste superflu d'observer que, dans le dictionnaire moderne, l'action des tribunaux qui défendent la religion de l'état contre ses ennemis s'appelle *persécution*. C'est un point convenu.

à la raison humaine de justifier le caractère de Dieu (1).

Et Gibbon n'a-t-il pas dit : *Que Jean-Jacques Rousseau, lorsqu'il lui arriva de comparer Socrate à Jésus-Christ, n'avait pas fait attention que le premier ne laissa pas échapper un mot d'impatience ni de désespoir* (2).

Ce trait détestable, et mille autres qu'on pourrait tirer d'un livre qui n'est en général qu'une conjuration contre le Christianisme, n'a-t-il pas valu à son auteur plus d'argent et plus d'honneur qu'il n'en aurait

---

(1) Essay on liberty and necessity, sub fin. Beattie on Truth. Part. II, chap. II, sect. IIIe.

(2) *Histoire de la Décadence, etc.*, tom. XII. Paris, Maradan, 1794, chap. XLVII, pag. 9, 10. Je suis fort aise de savoir que les magistrats *défenseurs de la religion du pays*, qui pilorient les imperceptibles, aient trouvé cette phrase, et tant d'autres, *non coupables, sur leur honneur*.

pu espérer, à volume égal, de quelque ouvrage religieux, où il eût éclipsé le talent des Ditton, des Sherlock et des Leland?

Avouez, monsieur, que des tribunaux, impuissants contre de tels hommes, sont bien plaisants, pour ne rien dire de plus, lorsqu'ils s'avisent ensuite de frapper quelque misérable tête qui n'a pas la force de se moquer d'eux.

On peut voir, dans les mémoires de Gibbon, avec quelle coupable politesse le célèbre Robertson lui parlait de ce même livre, si peu apprécié dans notre siècle léger; livre qui n'est au fond qu'une histoire ecclésiastique déguisée, écrite, je ne dis pas seulement par un incrédule, mais par un fort malhonnête homme.

Robertson (1) s'est rendu bien coupable

---

(1) Il écrivait à Gibbon : *Je ne saurais terminer sans*

encore par les indignes louanges qu'il a prostituées à Voltaire, en se permettant d'appeler, contre sa conscience, *savant* et *profond* (1), un historien éminemment superficiel, sans foi d'ailleurs, sans conscience et sans pudeur.

Ce criminel éloge a fait un mal infini, en fournissant une autorité imposante à tous les

---

vous dire combien j'approuve la réserve avec laquelle sont écrits ces nouveaux volumes; j'espère qu'elle vous mettra à l'abri de la critique offensante et malhonnête qu'on a faite de la liberté du premier. (Lettre du 12 mai 1781, mémoires de Gibbon, tom. II, in-8°, pag. 339.) C'est un singulier style dans la bouche d'un ecclésiastique et d'un prédicateur. *Priestley* étoit un peu moins caressant : *Je ne me fais point de scrupule,* dit-il à Gibbon, *de le dire hautement : votre conduite est basse et indigne. Vous insultez au sens commun du monde chrétien; défendez donc, je ne dis pas vos principes seulement, mais* votre honneur. *Peut-il y avoir rien de plus déshonorant, etc., etc.* (Lettre du 3 février 1783, ibid. tom. II, pag. 343, seqq.) Le jugement est peut-être prononcé un peu durement, mais je ne vois pas qu'il soit possible d'en appeler.

(1) Introduction à l'histoire de Charles V, in-12, tom. II, sect. IIIe, note XLIV, pag. 417.

ennemis du Christianisme, qui ne demandent pas mieux que de louer et de faire valoir leur coryphée, sans s'inquiéter le moins du monde de savoir si Robertson était de bonne foi ou non.

Ce qu'il y a de vrai, c'est que Robertson faisait bassement sa cour à Voltaire, dont il ambitionnait les louanges. Pour arriver jusqu'à lui, et pour obtenir ses bonnes grâces, il employait une femme célèbre, bien digne de servir d'intermédiaire à cette liaison intéressante : c'était la *pieuse* du Deffant, qui écrivait à Voltaire de la part de Robertson : *Il voudrait vous faire hommage de ses ouvrages; je me suis chargée de vous en demander la permission..... Son* respect *et sa* vénération *pour vous sont extrêmes* (1).

Que dire d'un membre de la *Haute-Eglise*

(1) Madame du Deffant à Voltaire, in-8°, tom. IV des lettres de cette dame, 20 décembre 1769, pag. 320.

d'Ecosse, d'un docteur en théologie, d'un prédicateur de la foi chrétienne, qui assure de son *respect* et de sa *vénération*, le plus ardent, le plus notoire, le plus indécent ennemi de notre religion !

La charité, sans doute, et même la politesse, sont parfaitement indépendantes des symboles de foi, et il faut bien se garder d'insulter; mais il y a cependant une mesure prescrite par la conscience. Bergier aurait sûrement rendu, dans l'occasion, à tous les mécréants qu'il a réfutés pendant sa longue et précieuse vie, tous les services qui auraient dépandu de lui; et il est bien remarquable que les attaques les plus impatientes ne lui ont jamais arraché un seul mot amer; cependant il se fût bien gardé de parler à Fréret ou à Voltaire de son *respect* et de sa *vénération*. Ce compliment aurait déshonoré un *prêtre*. Mais Robertson pouvait caresser sans conséquence Gibbon et Voltaire ; le Christianisme qu'il prêchait par état n'étant pour lui qu'une mythologie édifiante, dont on pouvait se servir sans inconvénient. Il a dit lui-même son secret dans son dernier ouvrage, où, malgré toutes les précautions prises par l'auteur, tout lecteur intelligent ne verra qu'un déiste achevé (1).

Mais en voilà assez sur Robertson, que j'ai voulu mettre en vue à cause de sa célébrité. En remontant plus haut, que direz-vous du fameux *Chillingworth*, jurant devant Dieu et sur les saintes Ecritures les trente-neuf articles de l'Eglise anglicane (2), déclarant peu de temps après, dans une lettre confidentielle, *qu'il ne saurait souscrire aux*

---

(1) Voyez l'Esquisse de l'histoire et des progrès de la superstition et de la religion, dans toutes les parties de la terre. (*Rebertson's, historical account, etc.* Bâle, 1792, in-8°, *appendix.*)

Fuit illa hominis DIVINI (je parle anglais) *tanquam cycnea vox.*

CICER., De Orat. III. 2.

(2) Ego Guillelmus Chillingworth omnibus hisce ar-

trente-neuf articles, sans souscrire à sa propre damnation (1), et finissant par découvrir *que la doctrine d'Arius est la vérité, ou n'est pas du moins une erreur digne de la damnation* (2)? En effet, c'est une bagatelle.

Seriez-vous curieux, par hasard, de savoir comment un autre docteur anglais a parlé du péché originel et de la dégradation de l'homme, base du Christianisme? Ecoutez le docteur Beattie!

Le père Mallebranche, dit-il, *nous apprend que les sens étaient, dans l'origine, de fort honnêtes facultés, et telles qu'on pouvait les désirer, jusqu'au moment où elles furent débauchées par le péché originel; aventure qui leur donna une invincible dis-*

---

ticulis..... volens et ex animo suscribo. (Mémoires de Gibbon, tom. II, lettre XXXIII, pag. 306.)

(1) Ibid.

(2) Ibid.

position à nous tromper, de manière qu'elles sont aujourd'hui continuellement aux aguets pour nous jouer des tours (1).

Jusqu'ici je n'ai cité que l'Angleterre, parce qu'elle est à la tête du système protestant. Si je voulais sortir de ce pays, je sortirais en même temps des limites que je me suis prescrites. Je n'ai cependant pas la force de me défendre une petite excursion, pour vous faire connaître la profession de foi d'un *évêque évangélique ;* je veux parler du fameux Herder, que j'ai entendu nommer très sérieu-

(1) Beatie on Truth. Part. II, chap. II, sect. I. Il accuse ici Mallebranche d'être en général *mystique* (c'est-à-dire chrétien); et sur ce que ce grand homme avait dit, après saint Augustin et mille autres : *Que les vertus païennes n'étaient que de l'orgueil*, il s'écrie : *Fi donc! monsieur Mallebranche, le papisme avec toutes ses absurdités n'exige pas de ses partisans une assertion si étrangère à toute franchise et à toute générosité.* (Ibid.) Mallebranche, j'en suis sûr, rirait encore dans le ciel, s'il pouvait y lire *en Dieu* ces folles indécences.

sement, dans je ne sais quel livre allemand, *le Bossuet de l'Allemagne;* écoutez donc encore, je vous en prie, ce père de l'Eglise (1).

Tout, sur notre globe, n'est que roue et changement. Quel homme, s'il prend en due considération la figure circulaire de la terre, pourra se laisser aller à l'idée de vouloir convertir le monde entier à la même croyance verbale (2), en *philosophie et en religion, ou à l'égorger* (3) *avec un zèle stupide, mais saint* (4)? *Les virevoltes d'une boule sont l'image de tout ce qui se passe sur notre terre.*

---

(1) *Herders Ideen zur Philosophie der Geschichte der Menschheit.* Tom. I, chap. IV, pag. 23.

(2) *Wortglauben.* — S'il ne s'agissait cependant que de *mots,* il n'y aurait ni beaucoup de témérité à tâcher d'y ramener les hommes, ni beaucoup de malheur à ne pas réussir. Mais Herder veut être impie, même aux dépens de la justesse.

(3) Egorger le monde entier, sans doute! Quelle propriété d'expression et quelle justesse de pensée!

(4) Un autre aurait dit : *Saint, mais stupide.* L'évêque de Weimar n'y regarde pas de si près.

Il faut avouer que l'argument contre l'unité et l'universalité de la religion, et contre les entreprises des missionnaires, tiré de la figure de la terre, est d'un genre tout à fait nouveau, et bien digne du *Bossuet de l'Allemagne !* Un critique anglais demandait à ce sujet, *s'il serait également absurde de s'égorger pour des opinions philosophiques ou religieuses sur une terre cônique ou cylindrique* (1) ! J'avoue que je n'en sais rien.

Maintenant, monsieur le comte, je vous le demande, lorsqu'un prédicateur de cette espèce monte en chair, comment voulez-vous que chaque auditeur ne se dise point à lui-même : *Qui sait si ce* Fellow *croit à tout ce qu'il va me prêcher ?* Quelle confiance peuvent inspirer de tels maîtres, et comment l'auditeur qui a lu leurs livres, qui connaît leurs maximes (dont la première est le mépris de toute autorité), qui ne peut se ca-

(1) *Anti-Jacobin,* août 1804, n° LXXIV, pag. 408.

cher que cent et cent fois il leur sera arrivé de prêcher, non-seulement sans croire à la doctrine qu'ils annoncent, mais sans croire même à la légitimité de leur ministère; comment, dis-je, cet auditeur pourrait-il ne pas mépriser ses maîtres, et passer bientôt du mépris du docteur à celui de la doctrine? Celui-là n'aurait nulle idée de l'homme qui pourrait douter de cet inévitable enchaînement. Ainsi la théorie et l'observation se réunissent pour établir qu'il *n'y a* et qu'il *ne peut y avoir* de *foi* ni de *religion positive*, proprement dite, chez cette nation dont les envoyés viennent de se donner tant de peine pour abolir la *détestable Inquisition*.

Le Christianisme est effacé en Angleterre au point que, tout nouvellement, certains hommes, tenant encore par quelques fils à la foi antique, ont pu craindre que l'indifférence, sous le masque trompeur de la tolérance, n'en vînt enfin à donner à la nation anglaise des représentants étrangers au Christianisme. Voyant donc tous les dogmes chrétiens disparaître l'un après l'autre, et voulant au moins assurer le dogme capital, c'est-à-dire, celui de la Trinité, sans lequel il n'y a plus de Christianisme, ils proposèrent leur bill sur *la foi à la Trinité*, en vertu duquel tout Anglais qui refuserait son serment à cette doctrine fondamentale (1) serait déclaré inhabile à siéger au parlement. Assurément les promoteurs du bill ne semblaient pas indiscrets, et l'on ne pouvait, sans doute, exiger moins d'hommes qui auraient attaché la plus légère importance à se nommer chrétiens : néanmoins le parlement a trouvé que c'était trop : les élus actuels ont senti dans leurs consciences qu'ils n'avaient pas le droit de

---

(1) Cette expérience est très précieuse dans l'ordre général des choses. Elle prouve à tout homme de bonne foi qu'il n'y a rien dans le Christianisme de plus ou de moins fondamental, et qu'il faut croire tout ou rien. La théorie l'avait souvent démontré, mais il est bon d'y joindre l'expérience. Toute nation, comme tout homme, qui voudra choisir les dogmes, les perdra tous.

gêner celle des élus futurs. Ils se sont abstenus avec raison d'imposer aux autres la nécessité d'un serment qu'ils se garderaient bien de prêter eux-mêmes, et ils ont rejeté le bill. Ainsi l'Anglais arien et même mahométan devient éligible au parlement, puisqu'il n'y a pas d'islamite éclairé qui refuse de reconnaître le Christ pour un fort honnête homme, *voire* même pour un grand prophète; sur quoi un anonyme, égayé par ce grand acte de la législation anglaise, a décoché sur le parlement impérial l'épigramme suivante, qui n'est pas tout à fait dépourvue de sel.

De par le roi, et l'une et l'autre chambre,
Tout Anglais peut, conformément aux lois,
Croire, sans peur de se méprendre,
QU'UN EST UN ET QUE TROIS SONT TROIS (1).

---

(1) *On the late repeal of the Trinity-Doctrine Bill.*

King, Lords, and Commons do decree
That henceforth every man is free
To think, or say, as it may be
That one is one, and three are three.

(Morning-Chronicle, 11 novembre 1814, n° 14,203.)

Je n'oublierai point de vous faire observer que l'Angleterre n'est réellement tolérante que pour les sectes, mais nullement pour l'Eglise dont elle se sent détachée; car, pour celle-ci, les lois la repoussent avec une obstination qui, peut-être, n'est pas absolument sans danger pour l'état. L'Anglais ne veut point du système qui lui propose de croire *plus;* mais tout homme qui vient lui proposer de croire *moins* est sûr d'être bien reçu. L'Eglise anglicane fourmille de sectes non conformistes qui la dévorent, et ne lui laissent plus qu'une certaine forme extérieure qu'on prend encore pour une réalité. Le méthodisme seul envahit tous les états, toutes les conditions, et menace ouvertement d'étouffer la religion nationale. Un Anglais, qui vient d'écrire sur ce sujet, propose un singulier moyen pour s'opposer au torrent. « Si « le mal fait de nouveaux progrès, dit-il, « peut-être deviendra-t-il nécessaire d'user « de quelque indulgence à l'égard des arti- « cles de foi admis par l'Eglise anglicane,

« et de recevoir dans le giron une plus « grande quantité de Chrétiens (1). »

Il est complaisant, comme on voit : *pour exterminer le Méthodisme, l'Anglicane n'a qu'à céder le mérite des bonnes œuvres aux Puritains, les sacrements aux Quakers, la trinité aux Ariens*, etc. Alors elle enrôlera tous ces messieurs, pour se trouver assez forte contre les méthodistes (2). Il n'y a, comme vous voyez, rien de mieux imaginé. Celui qui propose ce moyen admirable de renforcer l'Eglise nationale est cependant un homme loyal et sincère, qui raisonne d'après sa conscience et d'après l'opinion universelle

---

(1) *Causes of the increase, etc.* Causes de l'accroissement du Méthodisme en Angleterre, par *M. Robert Acklem Ingram,* dans la Bibliothèque britannique, 1812, n° 391, 392, pag. 482.

(2) Si l'Angleterre voulait m'en croire (le système de recrutement une fois admis), elle nous recevrait aussi, nous, avec notre chef et tout ce qui s'ensuit. C'est alors que le Méthodisme verrait beau jeu !

qui l'environne. Qu'importent les dogmes ? Le symbole n'a plus qu'une ligne, et c'est la première. Tout le reste est renvoyé dans le cercle des opinions et des souvenirs. Comme établissement religieux, comme puissance spirituelle, l'Eglise anglicane n'existe déjà plus. Deux siècles ont suffi pour réduire en poussière le tronc de cet arbre vermoulu; l'écorce subsiste seule, parce que l'autorité civile trouve son compte à la conserver.

Vous avez pu justement vous étonner, monsieur, en voyant les représentants d'une grande nation chrétienne refuser de reconnaître, comme condition nécessaire, dans ces mêmes représentants, la qualité de Chrétiens! Cependant je suis en état de vous montrer quelque chose de plus étrange encore. Si je vous disais que l'Angleterre a *solennellement*, j'ai presque dit *officiellement*, renoncé au Christianisme, vous crieriez sans doute au paradoxe, et moi-même je suis tout prêt aussi à protester que je ne vous présente qu'un paradoxe ; mais ce n'est pas une raison pour le supprimer. Cicéron nous en a bien débité six ; pourquoi ne m'en passeriez-vous pas un ? Lisez donc le mien, je vous en prie, tel que je vous l'exposerai dans ma prochaine lettre. Ensuite, comme je suis de bonne composition, nous en retrancherons tout ce qu'il vous plaira, pour en faire une vérité qui me suffira.

J'ai l'honneur d'être, etc.

Moscou, 19 (31) *août* 1815.

LETTRE VI.

Monsieur,

Qui n'a pas entendu parler de David Hume, *cui non notus Hylas?* Je crois qu'à tout prendre, le dix-huitième siècle, si fertile dans ce genre n'a produit aucun ennemi de la religion qu'on puisse lui comparer. Son venin glacé est bien plus dangereux que la rage écumante de Voltaire. Celui-ci d'ailleurs proteste quelquefois de respecter certaines vérités fondamentales, et il a su dire au moins :

Si Dieu n'existait pas, il faudrait l'inventer.

Je crois qu'il n'en est que plus coupable, et ce n'est pas ici le lieu de vous dire mes raisons ; mais ces contradictions qui avertissent la conscience des lecteurs, le rendent bien moins dangereux que Hume, sapant toutes les vérités avec un sang-froid tellement imperturbable qu'il ressemble à la logique. Nous l'avons entendu affirmer plus haut : *qu'il est impossible de justifier le caractère de Dieu ;* il ajoute *que tout le pouvoir de la philosophie ne saurait excuser Dieu d'être l'auteur du péché* (1). Quel appareil dialectique n'a-t-il pas déployé pour renverser toute idée de liberté, c'est-à-dire pour anéantir la morale par sa base ? L'esprit le plus exercé à ces sortes de méditations chancelle plus d'une

---

(1) *To free the deity from being the author of sin, has been found hitherto to exced all the of philosophy.* (Essays, tom. III, sect. VIIIe.) C'est la pure doctrine de Luther et de Calvin ; c'est la conséquence légitime de leurs principes. Ils disaient : *Donc il n'est pas ce que vous croyez.* Hume, meilleur logicien, dit : *Donc il n'est pas.*

fois au milieu des sophismes accumulés par ce dangereux écrivain. On sent que Hume a tort avant de savoir dire pourquoi. Si jamais, parmi les hommes qui ont pu entendre la prédication évangélique, il a existé un véritable athée (ce que je ne m'avise point de décider), c'est lui. Jamais je n'ai lu ses ouvrages anti-religieux sans une sorte d'effroi, sans me demander à moi-même comment il était possible qu'un homme, à qui rien n'avait manqué pour connaître la vérité, avait pu néanmoins descendre jusqu'à ce point de dégradation? Toujours il m'a semblé que l'endurcissement de Hume, et son calme insolent, ne pouvaient être que la dernière peine d'une certaine révolte de l'intelligence, qui exclut la miséricorde, et que Dieu ne châtie plus qu'en se retirant.

Hume parlant des vérités premières de la manière qu'on vient de voir, on sent assez qu'il ne doit pas se gêner sur le Christianisme, et personne ne sera surpris de l'entendre dire avec une certaine ironie étouffée qui lui appartient particulièrement : « Con-« cluons après tout que, non-seulement le « Christianisme vit des miracles à son ori-« gine, mais que de nos jours même aucun « être raisonnable ne peut y croire sans un « miracle ; la raison seule est impuissante « pour nous en démontrer la vérité, et tout « homme, que la foi détermine à le croire « vrai, a la conscience d'un miracle conti-« nuel qui s'opère en lui, et qui renverse dans » son esprit tous les principes de la droite « raison, en le déterminant à croire ce qu'il « y a de plus contraire à la coutume et à « l'expérience (1). » Cependant cet homme a vécu tranquille au sein de l'aisance et de toutes les distinctions accordées au talent ; ce qui prouve déjà qu'en Angleterre comme ailleurs, les toiles d'araignées (dans ce genre du moins) n'arrêtent que les moucherons.

(1) Hume's, Essays, tom. III, *an inquiry, etc.*, sect. X, *of miracles.*

Mais il y a plus : les honneurs accordés à la mémoire de Hume ont surpassé tous ceux qu'il avait obtenus de son vivant, puisque la législature anglaise, c'est-à-dire, le roi et les deux chambres, ont accepté solennellement la dédicace de la magnifique édition de son histoire d'Angleterre, donnée il y a peu de temps.

Si la législature avait refusé cette offrande, sans autre motif que celui de châtier, s'il est permis de s'exprimer ainsi, la mémoire d'un si grand ennemi de la religion nationale, elle n'aurait fait que justice. On a blâmé plus d'une fois la puissance ecclésiastique d'avoir prononcé certaines proscriptions *in odium auctoris* (en haine de l'auteur); cependant, si vous y regardez de près, vous ne vous hâterez point de désapprouver ce jugement. Il n'y a pas de loi dont la parfaite équité soit plus universellement sentie que celle qui punit le coupable *par où il a péché*. Que *celui qui abuse des dons du génie soit privé de ses récompenses*. Cette loi, si elle était établie et exécutée à la rigueur, préviendrait les plus grands abus. C'est la honte d'un siècle et celle d'une nation, que l'auteur de *Jeanne d'Arc* n'ait pas fermé les portes de l'Académie française à celui de *Zaïre*, ou ne l'en ait pas chassé.

Imaginons que Hume eût été condamné à mort, ou seulement mis en justice pour l'un des délits qui sont punis de mort en Angleterre (1). Certainement plusieurs de ces délits, celui par exemple d'avoir volé une brebis, l'aurait rendu beaucoup moins coupable aux yeux de l'éternelle justice, que celui d'avoir attaqué dans ses écrits, avec tant d'obstination et de perversité, les dogmes les plus sacrés de la religion naturelle et révélée. Et néanmoins je ne doute

---

(1) La loi qui punit de mort le voleur d'une brebis s'appelle le *statut noir* (*the black statue*); c'est fort bien dit.

nullement que, dans cette supposition, le roi et le parlement n'eussent rejeté l'hommage d'un livre parti d'une telle main.

Si donc ils ont accepté la dédicace dont je vous parle, c'est que Hume ne leur paraissait nullement flétri par tout ce qu'il a écrit contre la religion; c'est-à-dire encore, que, pour eux, cette religion n'est qu'une opinion sur laquelle on peut dire *oui* et *non* sans conséquence, comme sur une question de physique ou d'économie politique.

Mais nous n'en sommes pas réduits aux conséquences indirectes, et je vais mettre sous vos yeux une circonstance infiniment remarquable, quoique nullement observée peut-être, et qui vous paraîtra sans doute bien extraordinaire.

A la tête de cette magnifique édition de l'Histoire d'Angleterre, dont je vous entretiens dans ce moment, on lit une biographie abrégée de Hume, par l'éditeur, qui se nomme en toutes lettres, et se donne pour un ami et pour un admirateur de ce philosophe. Il décrit surtout la mort de Hume avec une étrange complaisance. Il nous le montre sur son lit de mort, brutalement endurci et bravant Dieu en tombant dans sa main. « *Il passait très bien son temps*, nous « dit l'officieux ami, *avec le secours des li-* « *vres amusants :* un des derniers qu'il lut « furent les *Dialogues de Lucien* (ceux des « courtisanes peut-être); il examinait en « riant quelles excuses il pourrait donner à « Caron pour se dispenser d'entrer dans la « barque. *J'ai tenté*, disait-il, *d'ouvrir les* « *yeux des hommes : si je vis encore quel-* « *ques années, je puis avoir la satisfaction* « *d'assister à la chute de quelqu'un des prin-* « *cipaux systèmes de superstitions* (1); en-

(1) *I have endeavoured tu open the eyes of the public; if i live a few years longers I may have the sa-*

« suite il citait Chaulieu, et il mourut ainsi,
« le 22 août 1776. »

Là-dessus l'éditeur s'écrie avec emphase : « *Ainsi mourut notre excellent ami !* »

Que dire d'un homme qui présente une telle mort à l'admiration publique ; qui s'investit des sentiments du philosophe athée, et qui se nomme hardiment ? Que dire d'une législature *chrétienne* qui reçoit cette dédicace, et à qui il ne vient pas même en tête d'exiger le plus léger changement dans cette coupable préface ? Que dire surtout du corps épiscopal qui siége dans le parlement, et qui accepte pour son compte ? On dira de ces évêques autant de bien qu'on voudra, on n'en dira jamais plus que je n'en pense ; mais tout en ne disputant à *ces gardiens*

---

tisfaction of seeing the down-fall of some of the prevailing system of superstition. Ibid., pag. 11.

muets (1) aucune vertu morale, je m'écrierai cependant comme Zaïre :

Généreux, bienfaisants, justes, pleins de vertus,
Dieu! s'ils étaient chrétiens, *que seraient-ils de plus!*

Je ne manquerai point, je pense, de respect à la législature française en croyant qu'après une révolution terrible et toute impie dans ses bases, elle renferme certainement dans son sein un assez grand nombre d'hommes ennemis du Christianisme, et un plus grand nombre encore d'hommes plus ou moins indifférents sur ce point. Je ne doute pas néanmoins que si on la priait d'accepter dans ce moment l'étrange hommage fait à elle d'Angleterre, les deux chambres (je ne parle pas du roi ni du clergé, s'il en était question) ne se hâtassent de le repousser comme une insulte, au moins jusqu'à ce

(1) *Canes muti non volentes latrare.* Is. LVI. 10.

qu'on eût fait disparaître l'insolent frontispice.

Voltaire disait en 1766, et il répétait dix ans après : *Quelques cuistres de Genève croient encore à la consubstantialité ; du reste, il n'y a pas, de Berne à Genève, un seul partisan réel du Christianisme* (1).

Il disait en particulier de l'Angleterre, et il a répété de même : *Le Christ sera hautement honni à Londres* (2).

Si quelque homme exagéré s'avisait de soutenir que la hideuse prophétie est accomplie, et que l'acceptation de la révoltante dédicace emporte de la part de la législature anglaise,

---

(1) Lettres à Damilaville, du 18 août 1766. — A d'Alembert, du 28 septembre 1763, 8 février 1776.

(2) A d'Alembert, 28 septembre 1776. — Au roi de Prusse, 15 novembre 1773. (Voyez le recueil des lettres de Voltaire.)

et surtout de la part du corps épiscopal, une renonciation expresse et nationale à la foi chrétienne, il aurait tort sans doute; cependant je serais curieux de savoir ce que lui répondrait un Anglais de bonne foi.

Cette digression m'a paru de la plus grande importance, pour vous montrer que la nation anglaise n'a pas plus de droit, et même en a moins qu'une autre, de reprocher aux Espagnols leur *détestable Inquisition*, puisque cette institution leur a servi à se garder des *détestables* crimes (1) commis en Angleterre pendant deux siècles, des calamités *détestables* qui en ont été la suite, et de l'anéantissement encore plus *détestable* du Christianisme, qui n'existe plus que de nom dans ce grand pays.

Si je l'ai choisi plutôt qu'un autre, c'est

---

(1) Ces crimes sont au nombre de soixante-dix, autant qu'il m'en souvient, d'après l'ouvrage curieux de M. Colquom.

qu'il tient incontestablement le premier rang entre tous les pays protestants, et qu'ayant plus de moyens qu'eux pour retenir la foi, parce qu'il a retenu la hiérarchie et plusieurs formes utiles, il en est cependant venu à quelque chose de plus qu'un indifférentisme parfait qui n'a pas même besoin d'être prouvé.

Et si l'on compare même l'Espagne à d'autres pays catholiques, à la France, par exemple, ou à l'Allemagne orthodoxe, on trouvera qu'elle a parfaitement bien fait d'élever une forte barrière contre les novateurs de toute espèce.

Pour achever ma profession de foi, monsieur le Comte, je ne terminerai point ces lettres sans vous déclarer expressément, qu'ennemi mortel des exagérations dans tous les genres, je suis fort éloigné d'affaiblir ma cause en refusant de céder sur rien. J'ai voulu prouver *que l'Inquisition est en soi une institution salutaire, qui a rendu les services les plus importants à l'Espagne*, *et qui a été ridiculement et honteusement calomniée par le fanatisme sectaire et philosophique*. Ici je m'arrête, n'entendant excuser aucun abus. Si l'Inquisition a quelquefois trop comprimé les esprits; si elle a commis quelques injustices; si elle s'est montrée ou trop soupçonneuse ou trop sévère (ce que je déclare ignorer parfaitement), je me hâte de condamner tout ce qui est condamnable; mais je ne conseillerais jamais à une nation de changer ses institutions antiques, qui sont toujours fondées sur de profondes raisons, et qui ne sont presque jamais remplacées par quelque chose d'aussi bon. Rien ne marche au hasard, rien n'existe sans raison. L'homme qui détruit n'est qu'un enfant vigoureux qui fait pitié. Toutes les fois que vous verrez une grande institution ou une grande entreprise approuvée par les nations, mais surtout par l'*Eglise*, comme la chevalerie, par exemple, les ordres religieux, mendiants, enseignants, contemplatifs, missionnaires, militaires, hospitaliers, etc.; les indulgences générales, les croisades, les missions, l'Inquisition, etc.; approuvez tout sans balancer, et bientôt l'examen philosophique récompensera votre confiance, en vous présentant une démonstration complète du mérite de toutes ces choses. Je vous l'ai dit plus haut, monsieur, et rien n'est plus vrai : *la violence ne peut être repoussée que par la violence.*

Les nations (1), si elles étaient sages, cesseraient donc de se critiquer et de se reprocher mutuellement leurs institutions, comme si elles s'étaient trouvées toutes placées dans les mêmes circonstances, et comme si tel ou tel danger n'avait pu exiger de l'une d'elles certaines mesures dont les autres ont cru pouvoir se passer. Mais voyez ce que c'est

---

(1) Je m'aperçois, dans ce moment, avec plaisir, que je me suis rencontré mot à mot avec un *homme de beaucoup d'esprit,* qui a péri malheureusement dans la révolution de son pays. *Quid est quod contra vim sine vi fieri possit.* (Cic., Epist. XII. 3.)

que l'erreur ou la folie humaine ! Dans le moment où le danger a passé et où les institutions se sont proportionnées d'elles-mêmes à l'état des choses, on cite les faits antiques pour renverser ces institutions ; on fait des lois absurdes pour réprimer certaines autorités qu'il faudrait au contraire renforcer par tous les moyens possibles. On cite les *auto-da-fé* du seizième siècle, pour détruire l'Inquisition du dix-neuvième, qui est devenue le plus doux comme le plus sage des tribunaux. On écrit contre la puissance des papes ; tous les législateurs, tous les tribunaux sont armés pour la restreindre dans un moment où, notoirement, il ne reste plus au souverain pontife l'autorité nécessaire pour remplir ses immenses fonctions ; mais les héros de collége, si hardis contre les autorités qui ne les menacent plus, auraient baisé la poussière devant elles, il y a quelques siècles. Ne craignez pas qu'aux époques où l'opinion générale faisait affluer les biens-fonds vers l'Eglise, on fasse des lois pour défendre ou gêner ces acquisitions. On y pensera au milieu du siècle le plus irréligieux (1), lorsque personne ne songe à faire des fondations, et que tous les souverains semblent se concerter pour spolier l'Eglise au lieu de l'enrichir. C'est ainsi que la souveraineté est la dupe éternelle des novateurs, et que les nations se jettent dans l'abîme, en croyant atteindre une amélioration imaginaire, tandis qu'elles ne font que satisfaire les vues intéressées et personnelles de ces hommes téméraires et pervers. La moitié de l'Europe changera de religion pour donner une femme à un prêtre libertin, ou de l'argent à des princes dissipateurs; et cependant le monde ne retentira que des *abus de l'Eglise*, de *la nécessité d'une réforme* et de *la pure parole de Dieu*. On fera de même des phrases magnifiques contre l'Inquisition, mais cependant les avocats de l'*hu-*

---

(1) La loi française contre les acquisitions de main-morte, est de l'année 1745.

manité, *de la liberté*, *de la science*, *de la perfectibilité*, etc., ne demandent, dans le fond, pour eux et leurs amis, que la liberté de faire et d'écrire ce qui leur plaît. Des nobles, des riches, des hommes sages de toutes les classes, qui ont tout à perdre et rien à gagner au renversement de l'ordre, séduits par les *enchanteurs* modernes, s'allient avec ceux dont le plus grand intérêt est de le renverser. Inexplicables complices d'une conjuration dirigée contr'eux-mêmes, ils demandent à grands cris pour les coupables la liberté dont ceux-ci ont besoin pour réussir. On les entendra hurler contre les lois pénales, eux en faveur de qui elles sont faites, et qui abhorrent jusqu'à l'ombre des crimes qu'elles menacent. C'est un délire dont il faut être témoin pour le croire, et qu'on voit encore sans le comprendre.

Si d'autres nations ne veulent pas de l'Inquisition, je n'ai rien à dire : il ne s'agit ici que de justifier les Espagnols. On pourrait cependant dire aux Français, en particulier, qu'ils ne sauraient, sans baisser les yeux, se vanter d'avoir repoussé cette institution, et à tous les peuples sans distinction, qu'un tribunal quelconque, établi pour veiller, d'une manière spéciale, sur les crimes dirigés principalement contre les mœurs et la religion nationale, sera pour tous les temps et pour tous les lieux une institution infiniment utile.

Il me reste à vous entretenir d'un objet qui nous a souvent occupés : je veux parler des actes du gouvernement actuel en Espagne. Vous savez combien nous avons balancé sur ce point. Tantôt nous ne concevions pas les mesures inflexibles de ce gouvernement, et nous étions tentés de les appeler *honteuses*, comme on les a nommées en Angleterre (1). Tantôt, en considérant la bonté naturelle et surtout la popularité du souve-

(1) Supra, pag. 10.

rain actuel dés Espagnes, nous inclinions à croire que la nation, proprement dite, est pour lui, et qu'il ne fait que ce qu'il doit faire.

Dans ce conflit de deux opinions qui se balancent, voyons d'abord ce qui est certain.

Dans le fameux manifeste du 14 mai 1814, le roi dit à son peuple : « Vrais et « loyaux Espagnols, vous ne serez pas dé- « çus de vos espérances. Votre souverain « ne veut l'être que pour vous....... J'ab- « horre, je déteste le despotisme. Les lu- « mières de l'Europe ne sauraient plus le » souffrir, et jamais les rois d'Espagne ne « furent despotes. Quoiqu'il y ait eu de « temps en temps, dans ce pays, des abus « de pouvoir qu'aucune institution imagina- « ble ne saurait prévenir complètement, « cependant, pour les prévenir autant qu'il est « donné à la sagesse humaine, c'est-à-dire, « en conservant la dignité et les droits de la

« royauté, puisqu'elle les tient d'elle-même, « et ceux du peuple, qui ne sont pas moins « inviolables, je m'aboucherai avec vos re- « présentants des Espagnes et des Indes ; « et, dans les Cortès légitimement convo- « quées, j'établirai les bases de la prospérité « de mes sujets. La liberté individuelle re- « posera sur des lois qu'assureront l'ordre « et la tranquillité publique. Les presses se- « ront libres autant que la saine raison le « permettra. Toute dissipation des biens de « l'état cessera, et les dépenses de la mai- « son royale seront séparées de celles de « l'Etat : pour faire dorénavant de nouvelles « lois, les souverains s'accorderont avec les « Cortès. Ces bases vous feront connaître « mes royales intentions, en vous appre- « nant à voir en moi, non un tyran ou un « despote, mais un roi et un père, etc., « etc. (1). »

---

(1) *Yo os juro y prometto a vos ostros verdaderos y leales Espânoles... Vuestro Soberano quiere serlo para*

Le 13 juin suivant, l'université de Salamanque, ayant été admise à une audience solennelle du souverain, lui rappela toutes ses promesses sur la propriété personnelle et réelle, sur la liberté de la presse, sur les contributions publiques, sur le rétablissement de l'ordre et sur la convocation des Cortès ; puis elle ajouta par la bouche de ses députés :

Sire ! V. M. a promis, et même elle a juré librement, dans son premier décret, de terminer nos maux, et de mettre sa gloire à fonder sur ces bases le gouvernement d'une nation héroïque, qui, par des

---

vosostros... Aboresco y detesto el despotismo : ni las luces y cultura de las naciones de Europa lo sufren ya ; ni en España fueron depotas jamas sus Reyes.... Conservano el decoro de la dignidad real y sus derechos, pues los tiene de suyo, y los que perteneren à los pueblos que son igualmente inviolables, yo trattare con sus procuradores, etc., etc. (Valence, 4 mai 1814.)

faits immortels, a conquis l'admiration de l'univers en conservant son honneur et sa liberté. L'Université, qui voit de plus loin les conséquences de ces principes, ne finirait jamais, si elle voulait exprimer toute la joie et toute la reconnaissance que lui ont fait concevoir ces royales intentions....... *V. M. rappelle la représentation oubliée des Cortès formés des états du clergé et de la noblesse, et peut-être encore qu'elle médite de rétablir les anciens états, et de leur donner cette forme que les sages politiques ont proclamée comme la plus propre à former un gouvernement modéré et stable, autant qu'il est permis à l'homme de l'espérer, et à consolider, pour des siècles, les droits également inviolables du monarque et de ses peuples*, etc., etc. (1).

---

(1) *V. M. ha promedito y aun ha jurado espontaneamente en suprimer decreto poner fin a nuestros males; colorando sus glorias en fundar sobre estas bases el gobierno de una nacion heroyca...... Però la Universidad que ve mas de lejos las consecuencias de*

Voilà, monsieur le comte, ce que le roi a dit, et voilà ce qu'il s'est laissé dire. Je doute que jamais la candeur et la bonne foi aient parlé ou agi d'une manière plus convaincante. Il me semble qu'il n'y a pas moyen de soupçonner les intentions du monarque. Je m'en tiens là ; m'abstenant sévèrement de prononcer sur des actes douteux qu'un étranger, et surtout un étranger éloigné, n'a pas le droit de juger. Je remercie le roi de ce qu'il a promis, et je compte sur sa parole en fermant les yeux sur ce que je ne comprends pas. Quoiqu'il en puisse arriver, l'abus des anciennes institutions ne prouverait rien contre leur mérite essentiel, et toujours je soutiendrai que les nations ont tout à perdre en renversant leurs insti-

---

estos principios, no acaberia jamas si hubiesse de espresar toda su gratitud y su jubilo, etc., Recuerda (V. M.) *la representacion olvidada en cortes de los estados del clero y nobleza; y araso V. M. medita, etc.* 13 junio 1814. (Gazeta de Madrid del Martes 14 de junio de 1814, n° 85, pag. 650.)

tutions antiques au lieu de les perfectionner ou de les corriger. Je serai extrêmement satisfait, monsieur le comte, si j'ai pu arracher quelques préjugés de votre esprit ; demain peut-être vous me rendrez le même service. Les hommes échangent trop souvent des erreurs. Je ne demande pas mieux que d'établir avec vous un commerce tout opposé. Ce noble échange ne mortifie personne ; chacun se réservant, en demandant ou recevant ce qui lui manque, d'offrir à son tour quelque chose qui manque à l'autre ; les têtes sont comme les terres : *non omnis fert omnia tellus*.

Je suis, etc.

Moscou, $^{15}/_{27}$ *septembre* 1815.

PHILOMATHE DE CIVARRON.

www.ingramcontent.com/pod-product-compliance
Ingram Content Group UK Ltd.
Pitfield, Milton Keynes, MK11 3LW, UK
UKHW022059190726
13855UKWH00002B/549